무지개를
좇아서

무지개를 좇아서
- 서광선 목사 설교집

초판 1쇄 인쇄 | 2011년 8월 8일
초판 1쇄 발행 | 2011년 8월 16일

지은이 | 서광선
펴낸곳 | 도서출판 동연
펴낸이 | 김영호
편   집 | 조영균 디자인 | 이선희 관   리 | 이영주
등   록 | 제1-1383호(1992년 6월 12일)
주   소 | 121-826 서울시 마포구 망원2동 472-11 2층
전   화 | 02)335-2630
팩   스 | 02)335-2640
이메일 | ymedia@paran.com
누리집 | www.y-media.co.kr

ISBN 978-89-6447-152-4   03200

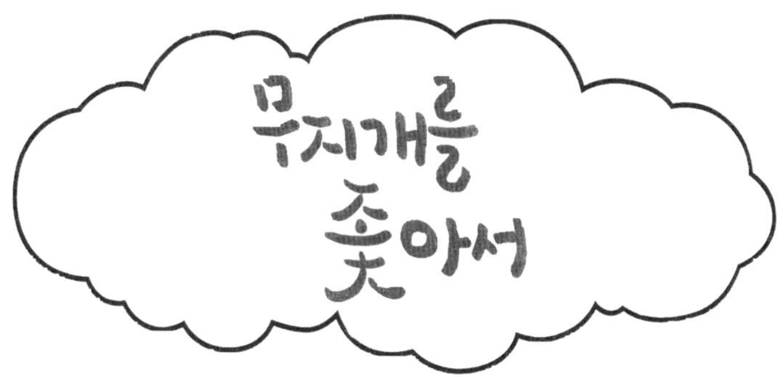

무지개를 좇아서

서광선 목사 설교집

동연

무지개를 좇아서 80년의 세월을 살아 왔다. 폭풍우에 시달리다가 비가 그친 뒤 파란 하늘 위에 구름 사이로 영롱하게 피어오르는 무지개를 바라보면서 소년의 어린 마음에 견우직녀의 애끓는 사랑을 그렸다. 폭탄이 터지고 아우성치며 쓰러져 가는 이웃의 피와 눈물을 보면서, 전쟁이 그치는 날, 평화의 날을 그리며 포화와 포성이 멈추어진 파란 하늘을 우러러 손에 쥐었던 소총을 던져 버리고 무지개를 찾은 청년이 서 있었다. 옛날 옛적, 아득한 우리 역사 이전에 온 세상이 물속에 멸망한 시대를 살아남은 노아와 그의 가족들이 생명의 방주에서 살아 나와 창조주 하나님에게 감사의 제사를 바치면서 선물로 주신 구름 사이의 무지개를 믿음과 희망의 눈으로 바라본다. 그 무지개를 좇아서 아직도 믿음과 희망과 사랑을 버리지 않는다.

여기 내어 놓는 글들은 나의 평생 세 번째 설교집이다. 1980년대 이화여대의 강의실에서 정치적인 이유로 추방되어 예수교장로회 통합 측 강남노회에서 목사 안수를 받고 압구정동에 있던 현대교회의 목사로 목회하면서 한 설교들을 모아, 『벙어리의 노래』라는 설교 집을 펴낸 일이 있다. 대학 강의실에서 말 못 하게 된 벙어리가 교회 강단에서 한 작은 목소리의 증언이라는 뜻으로 그런 제목을 붙였다. 4년이란 세월이 흘러서 마침내 대학 강단으로 돌아와서는 이화여대의 신앙 공동체가 모이는 대학교회에서 학교 교목으로 강단에 서게 된다. 그때『철 따라 계절 따라』한 설교들을 모아 두 번째 설교 집으로 내어 놓았다. 그리고 이번이 세 번째다. 1996년 이화여대에서 정년퇴임한 뒤 미국과 홍콩 등에서 강의와 설교와 행정을 맡아 전전하다가 10여 년 만에 귀국하여 여기저기서 친구들이 계절 마다 잊지 않고 초청해 주어서 한 설교들을 모은 것이다.

제1부에는 1996년 이후 미국에 있는 이민교회의 초청으로 한 설교들과 2006년 귀국해서 올해까지 한 설교들을 골라서 내어 놓는다. 설교한 교회와 시대 상황이 묘사되어 있는 인사말을 그대로 두었다. 설교자와 듣는 이들의 삶의 자리에, 읽는 이들을 모시고 싶어서였다.

제2부는 대학에서 은퇴한 교수를 초청한 대학과 YMCA 등 청년 단체에서 한 설교들을 모은 것이다. 오늘의 젊은이들에게 늙은이로서 하고 싶은 말들을 담았다.

제3부는 장례식과 추모예배, 출판기념회 등에서 믿음과 배움의 선배 어른들에게 바치는 말씀들을 모은 것이다. 설교 모음에는 잘

어울리지 않을지 모르지만, 설교 못지않게 정성을 들여 준비한 글들이다. 그 어른들은 나로 하여금 사랑과 자유와 평화의 무지개를 좇아 살아오게 한 분들이고 나에게 무지개가 되어 주신 분들이기 때문이다. 그분들에게 이 책을 바치고 싶다.

여기저기 설교 초청을 받아 준비하느라고 은퇴 생활을 바쁘게 지내며 부산하게 구는 목사 남편을 나무라지 않고 뒷바라지 하며, 설교 원고를 꼼꼼하게 읽고 고쳐 주고 평해 주고 격려하고 힘주는 평생의 반려자이며 평론가인 아내에게 감사한다. 그리고 지난해 4월, 나의 팔순 잔치를 아름다운 음악으로 장식한 음악하는 두 아들과 며느리들이 자랑스럽다. 내 설교의 주제가 되고 화제가 되어 주는 어린 손자 손녀들이 앞으로 이 설교집을 사랑하고 자랑하게 되기를 바라 마지않는다. 팔순 잔치에 왕림해서 자리를 빛내 주신 친지들과 제자들, 나와 함께 사랑과 평화의 무지개를 그리워하고 좇아가는 모든 이들에게 이 책을 선물로 드리고 싶다. 그리고 여기 모은 설교들을 모두 정독하고 출판할 것을 격려해 주고 편집하는 일에서부터 이 책이 나올 때까지 정성을 다해 주신 도서출판 동연의 김영호 사장과 직원들에게 깊은 감사의 뜻을 전한다.

2011년 8월

서 광 선

1
철 따라 계절마다 :
교회 강단에 서서

성탄을 기다리는 마음

2006년 12월 10일 봉원교회
미가 4:1-5; 누가복음 2:8-14; 베드로후서 3:8-14

참으로 오래간 만에 이 귀한 자리에 서서 교우 여러분에게 인사를 드립니다. 이화여대에서 1996년 정년퇴임하고 미국에서 5년 간 신학을 강의하다가 홍콩에서 5년간 미국의 한 기독교 고등교육 재단의 일을 보고, 일을 모두 마치고 지난 7월 귀국했습니다. 하 목사님이 봉원교회의 옛 교인들에게 귀국인사 하라고 해서 이 자리에 섰습니다.

하 목사님이 저에게 그렇게 명령하시는 이유도 있거니와 자격도 있습니다. 왜나하면, 저는 결혼하면시 1964년부터 이 교회 옆집에서 살았습니다. 제 어머니는 1973년부터 이 교회의 독실한 교인으로, '전도사님'으로 이 교회의 사랑을 받고 이 교회에서 장례식을 치르고 하늘나라로 가셨습니다. 제 어머니는 저희 서 씨 형제 자매들과 아들, 손자, 며느리 들을 다 봉원교회로 전도해서 훌륭한 교인으로 만드시는 데 성공하셨습니다. 목사인 저만 빼고 사위와 아들이 장로이고 딸과 며느리가 권사며, 손자들이 집사 일을 보고 있습니다. 그리고 2002년 월드컵 때 이탈리아에 승리한 날 이 교회에서 저희 둘째 아들, 서진실 집사의 결혼식을 제가 주례했습니다. 그렇게 교회 바로 옆에 40년 넘게 살면서 이웃사람으로 오랜만에 귀국했으니, 목사님이 인사하라는 '명령'을 하실 까닭이 충분히 있습니다.

여러분, 귀국인사 드립니다.

평화는 오늘의 화두

10년 동안 외국에서 살면서 1년에 한두 번은 집안일과 출장 등으로 일시 귀국할 때마다 서울이 많이, 그리고 급격하게 변하고 있다는 것을 느꼈지만, 이번에 아주 한국으로 이사 와서 지난 몇 달을 지내는 동안에 더욱 한국의 급변하는 모습과 위기의식을 절감하고 있습니다. 홍콩에서 돌아와 이삿짐을 풀면서 홍콩 못지않게 무더운 여름 동안 '바다이야기'라고 하는 아름다운 이름에 맞지도 않은 성인오락도박 스캔들의 열풍이 불었습니다. 아직 그 바람이 완전히 가라앉은 것 같지 않습니다.

여기저기 물난리가 나고 있는 동안 국회에서는 교육부 장관을 하겠다는 사람이 한국 대학 교수들 망신을 혼자 다 시키고, 헌법재판소장은 결국 사퇴했지만, 그렇게 되기까지 임명 동의안을 밀고 당기는 정쟁만 하고 있는 것을 지켜보고만 있었습니다. 그러고 있는 동안 가을이 오나 보다 하고 있던 차에 북한이 핵실험을 감행했다는 보도가 터졌습니다. 유엔에 우리 외무부 장관이 사무총장으로 임명되었다는 소식과 함께 유엔 안보리에서 북한 핵실험에 대한 규제조치를 통과하면서, 우리 한반도는 온 세계 관심의 초점이 되고 말았습니다.

강림절: 크리스마스를 기다리는 마음

오늘은 크리스마스를 기다리는 강림절 둘째 주일입니다. 12월의 차갑고 신선한 바람을 쏘이면서, 그리고 거리와 백화점과 크고 작은 상점들의 장식들을 보면서 '아, 올해도 다 가는구나. 크리스마스도 며칠 안 남았구나……' 생각에 잠기게 됩니다.

오늘 아침 여러분과 차분하게 크리스마스를 기다리는 마음을 다져 보고 싶습니다. 먼저 기다리는 마음을 생각해 봅니다.

우리 예수 믿는 사람들은 2000년 넘게 예수님이 다시 오실 것을 기다리고 있습니다. 미국에서도 그랬고 우리나라에서도 기다리다 지쳐서 예수님 오시는 날을 계산하며 기다리고 있다가 결국 오시지 않아서, 예언했던 목사님들이 혹세무민한 죄명으로 감옥에 간 일도 기억납니다.

우리는 기다리는 데 그리 익숙한 민족이 아닌 것 같습니다. 중국 사람들이 우리나라에 다녀가서 한국 사람에 대해서 하는 말 가운데 "빨리 빨리"라는 말이 있습니다. 무슨 일을 하든지 "빨리 빨리" 하면서 서두르고 재촉한다는 것입니다. 그래서 아마 한국이 중국보다 경제 성장이 앞섰을 거라고 합니다. 칭찬인지 놀리는 것인지 잘 모르겠습니다.

우리 가운데 사랑하는 이들이 크리스마스에 집으로 돌아오기를 기다리는 이들이 있을 줄로 압니다. 결혼 날짜를 받아 놓고 그날을 기다리는 젊은이들, 부모님들도 있으리라 생각합니다. 그리고 귀한 자식이 태어나는 날을 안타깝게 기다리는 어머니와 식구들도 있겠지요.

평화를 기다리는 사람들

우리는 오늘날 무엇을 기다리고 있습니까? 사도 베드로는 부활하신 예수님을 기다리다 지친 교인들에게 편지를 쓰며 하나님의 시간은 천 년이 하루 같고 하루가 천 년 같다고 하시면서, 하늘나라가 언제 어떻게 올지 모르니 인내심을 가지고 기다리라고 하셨습니다.

오늘 아침 봉독해 주신 누가 복음의 말씀은 평화를 기다리는 사람들의 이야기입니다. 크리스마스를 기다리는 사람들은 평화를 기다리는 사람들이었습니다. 메시아 예수님의 탄생을 기다린 사람들은 세상의 평화를 기원하고 기다리는 사람들이었습니다. 오늘 우리도, 크리스마스를 기다리는 사람들입니다. 그러니까 2000년 전 예수님의 탄생을 기다리던 사람들과 함께 오늘날 우리도 평화를 기다리는 것입니다.

신약성서의 마태복음과 누가복음에 나와 있는 예수님의 탄생설화를 읽어 보면, 참으로 많은 이들이 예수님을 기다렸습니다. 예수님의 어머니 마리아와 그의 약혼자 요셉은 물론이고, 동방박사 세 사람, 세례 요한의 아버지 스가리아, 요한의 늙은 어머니 엘리사벳, 들에서 양 치던 양치기 카우보이들 그리고 아기 예수를 죽이려고 기다리던 헤롯 왕…… 그야 말로 좌와 우로 갈라져서 모두 예수님 오시는 것을 기다리고 있었습니다.

그런데 누가복음은 들에서 양치는 사람들, 밤을 지새우며 양떼를 지키는 동물들 사이에서 삶을 사는 가난한 사람들의 이야기를 부각시키고 있습니다. 로마 제국의 식민지 학정에 시달리고 예루살렘 부자 지주들의 착취에 허덕이면서, 메시아가 올 것이라는 신앙을 버리지 않고 일하는 양치기들, 유태 민중들은 그날, 결국은 그날, 하나님의 날, 해방과 독립과 평화의 날을 기다리고 있었습니다.

그러나 그 양치기들의 기다림은 헛되지 않았습니다. 한 천사가 나타나 두려워 떨고 있는 양치기들에게 말합니다. "두려워하지 말아라. 나는 온 백성에게 큰 기쁨이 될 소식을 너희에게 전하여 준다. 오늘 다윗의 동네에서 너희에게 구주가 나셨으니, 그는 곧 그리스도 주님이시다."(누가 2:10-11) 갑자기 그 천사와 더불어 하늘 군대가 나타나 하나님을 찬양하며 말합니다.

"하늘에는 영광, 땅에는 평화;
지극히 높은 곳에서는 하나님께 영광이요,
땅에서는 주님께서 좋아하시는 사람들에게
평화로다……."(누가 2:14)

우리도 평화를 기다리는 사람들

오늘, 우리도 크리스마스를 기다리면서 평화를 기다립니다. 유태 나라 들판의 양치기들에게 천사들이 평화의 소식을 전해 준 이후 2000년 동안 예수를 믿는 사람들이 크리스마스를 축하하고 산타크로스의 선물 주머니를 기다리고 평화를 기다려 왔습니다.

그렇지만, 지난 3,521년의 인류 역사상 3,235년간 전쟁을 했다는 통계가 있습니다. 실로 인류 역사의 92%를 전쟁하는 데 시간을 보냈다는 이야기입니다. 이것은 유명한 역사학자 듀랜트Durant 교수의 이야기입니다. 20세기의 미래학자 앨빈 토플러Alvin Toffler는 1917년 제1차 세계대전 이후 냉전이 끝나는 1990년까지 전쟁이 없었던 기간은 단 3주에 불과했다고 말합니다. 전쟁은 통계가 아닌, 역사적 비극이고, 경험이며 체험입니다.

남의 통계 이야기할 필요가 없습니다. 제가 살아온 한평생을 돌이켜 보더라도, 태어나서부터 오늘에 이르기까지 전쟁이 멎은 적이 없었습니다. 1931년 일본이 만주를 점령했고, 제가 초등학교 들어갈 때 일본 군대가 중국 본토를 유린하고 남경 학살을 저질렀으며, 1941년에는 태평양 전쟁이 일어났습니다. 저는 만주에 살면서 수없이 미군 폭격을 당했습니다. 원자 폭탄으로 해방된 한반도에서는 해방된 지 5년이 못 되어 한국전쟁이 일어났습니다. 온 나라 백성들이 피난민이었습니다. 38선 남쪽에서는 빨갱이라고 마구 잡아 죽이고, 북쪽에서는 예수쟁이들 모두 미국 스파이라고 총살하고 물속에 집어넣어 학살했습니다. 평양에서 목회하시던 저희 아버지 역시 반공 미국 스파이의 누명을 쓰고 총살당했습니다. 10월의 차디 찬 대동강 기슭에서 시체를 건져내어 장례를 지내고 피난 내려온 것이 벌써 50년이 넘었습니다.

올해 저희들의 크리스마스는 더욱 평화를 기다리게 합니다. 북한에서 핵폭탄 실험을 했기 때문입니다. 북한의 핵폭탄 실험은 우리 남한을 좌와 우로 양극화시키고 말았습니다. 북의 핵으로 인한 남북 갈등보다 남남 갈등이 더 심화된 것 같은 느낌이 들 정도입니다. 그래서 더욱 올해 크리스마스에는 우리나라의 평화를 기다리게 됩니다. 우리는 이제 다시 전쟁을 할 수도 없거니와 해서는 안 됩니다. 핵전쟁은 상상조차 해서도 안 됩니다. 1945년 미국이 일본에 떨어뜨린 원자 폭탄이 처음이요 마지막 핵폭탄이 되어야 합니다.

6자 회담이 12월 16일에 열리게 될지도 모른다는 소식은 우리로 하여금 더욱 크리스마스와 함께 평화를 기다리게 합니다. 미국의 부시 대통령이 한국전쟁을 종결시켜야 한다는 말 한마디로 우리는 벌써 미국과 북한의 평화협정이 체결되고 북한이 개방되며, 남북 고속도로와 철도를 이용하여 관광 길에 나설 것을 기대하게 되었습니다. 그러나 이렇게 낙관론을 펴고 꿈을 꾸기에는 현실이 너무도 암담하기만 합니다. 그래서 더욱 평화를 기다리는 마음, 간절합니다.

평화를 기다리는 사람들과
평화를 만드는 사람들

우리 가운데 지금 북한을 무력으로 치거나 경제적으로나 군사적으로 고립시켜 체제를 무너뜨려야 한다는 호전적 강경론이 거세게 목소리를 높이고 있습니다. 다른 한쪽에서는 '햇볕정책'과 포용정책을 지속시키고 대화를 통하여 평화적인 해결을 시도하고 한반도 비핵화를 창출해 내야 한다고 합니다.

이제 평화를 기다리고 앉아 있을 수만 없습니다. 평화를 만들어 나가야 할 때가 왔습니다. 그리하여 우리 크리스마스를 기다리는 사람들은 크리스마스를 만드는 사람들, 평화를 만드는 사람들이 되어야 합니다.

제가 일하던 미국의 기독교 고등교육 재단을 대표하여, 평양에 새로 세우는 과학기술대학의 건설 현장을 시찰하러 다녀왔습니다. 실로 54년 만에 아버지가 묻힌 평양 땅을 밟고 왔습니다. 특히 그 새로 짓는 대학의 부지는 대동강 남쪽, 우리나라 최초의 개신교 선교사 로버트 토마스 목사가 순교한 자리이고 제 아버지가 총살당한 자리이기도 했습니다. 저의 평양 기행 이야기가 많지만, 공사판에서 일하는 군인들의 모습이 아직도 눈에 선합니다. 배고프고 허기져서 벽돌 한 개 들기도 힘들어 하는 소년 소녀들의 나이가 열세 살 열네 살로 보여서, 지나가는 군복 입은 일꾼들의 나이를 물었습니다.

"너희들은 몇 살이냐" 했더니 경례를 붙이면서 "스물한 살입니다" "열아홉 살입니다" 하는 것이었습니다. 이북 100만 군대의

70%가 총이 너무 무거워서 전쟁을 할 수 없는 병력이라고 합니다.

평양의 봉수교회에서 예배드리면서 인사말을 하라고 해서 300명 가까운 교인들 앞에서 말할 수 있는 기회도 있었습니다. 60대 노인들, 가난과 굶주림에 시달린 피곤한 얼굴들을 대하고 북받치는 눈물을 참으며 "실로 54년 만에 고향 땅에 돌아왔습니다……. 대동강도 옛날 같이 흐르고, 모란봉도 옛날과 다름없는데, 세상이 많이 변했습니다……." 이 대목에서 눈물을 흘리고 닦는 모습이 보였습니다. 마지막으로 "남한 그리스도의 형제자매들과 온 세계 그리스도인들이 여러분을 위해서 기도하고, 우리나라의 평화와 통일을 위하여 기도하고 있습니다. 여러분 건강하십시오. 얼마 후 통일 되는 그날, 우리 모두 죽기 전에 다시 오겠습니다. 안녕히 계십시오……."

온 교회가 눈물바다가 되었습니다.

북한은 핵폭탄으로 한반도를 재앙 속으로 내몰면 안 됩니다. 우리는 핵폭탄을 빌미로 해서 전쟁을 준비해서는 안 됩니다. 이북에 공장 세운 것들을 나 몰라라 문 닫을 수 없습니다. 헐벗고 굶주린 아이들을 그대로 내버려둘 수 없습니다. 우리 남한보다 평균 30배나 가난한, 우리 동포들을 죄인 취급만 할 수 없습니다.

우리, 둘로 양극화되어 있는 좌와 우의 사람들 모두 한반도의 평화를 반대하지 않는다고 믿습니다. 우리는 모두 평화를 기다리는 사람들입니다. 남과 북이 모두 평화를 기다리고 있습니다. 그래서 우리 크리스마스를 기다리는 그리스도인들은 평화를 기다리고만 있을 것이 아니라, 평화를 만들어 나가야 한다고 생각합니다.

크리스마스를 기다리면서 우리 스스로에 묻고 싶습니다. "우리 마음에 평화가 있는가?" 이웃을 미워하는 마음에 평화가 있을 수 없습니다. 화해하는 크리스마스를 만드십시다. 우리 가정에 평화가 있습니까? 아이들과 결혼 문제, 취직 문제, 입시 문제 등등으로 매일 싸우고 있지 않습니까? 부부싸움과 말다툼이 너무 자주, 너무 오래 집안을 시끄럽게 하지는 않습니까? 크리스마스 선물로는 화해와 가정의 평화 이상 더 좋은 선물이 없습니다.

크리스마스를 기다리는 사람들, 하루하루의 삶 속에서, 남한 사회의 수많은 갈등 속에서, 한반도의 핵 위기 상황 속에서, 평화를 만들어 나가야 한다고 생각하는 우리 모두에게 크리스마스의 평화와 축복이 함께하시기를 간절히 기원합니다.

평화를 만드는 사람은 복이 있다. 그들은 하나님의 자녀라 불릴 것이다.(마태 5: 9)

예수님의 말씀입니다.
아멘.

오복五福과 팔복八福

2007년 2월 4일 서울 새길교회
창세기 27-27-29; 누가복음 6:20-26

새해 인사드립니다. 신정과 구정 모두 합해서, 복 많이 받으시라는 인사입니다.

새길교회는 저에게 낯선 교회가 아닙니다. 10여 년 전, 제가 이화여대에서 은퇴하기 전에 한번 초청을 받아 와서 설교를 했기 때문만이 아니라, 이 교회의 전신인 현대교회의 담임 목사로 일한 인연도 있어서 친숙한 느낌이 있습니다. 게다가, 이 교회는 특별한 신학과 설립이념을 가진 평신도 중심 교회로 뜻있는 분들이 시작했다고 알고 있고, 창설 멤버에 평생 동지라고 생각하는 한완상 박사와 김형 선생님을 위시해서 정대현 교수님과 길희성 교수님 그리고 오늘 사회 보시는 최만자 박사님 등이 계시는 교회로 알고 편안한 마음으로 오늘 이 자리에 초대된 것을 영광으로 여기며 왔습니다. 이 교회 공동체를 이끌어 오신 여러분, 새삼 축하드리며 인사드립니다. 반갑습니다.

오늘의 화두는 복입니다

새해 아침 우리는 서로 복을 빕니다. 그리고 서로 인사를 나누면서 새해 복 많이 받으라고 합니다. "새해 복 많이 받으십시오" 하고 인사하면서 우리는 무엇을 생각합니까? 무슨 복을 받으란 말인가? 생각하게 됩니다. 저는 개인적으로 올해 정초 제자들과 후배들의 세배를 받으면서 한결같이 "건강하시고 오래오래 사세요"라는 인사를 제일 많이 들었습니다. 10년 전만 해도, "좋은 일 많이 하시고……"라는 인사를 들었는데, 확실히 내가 늙어 가고 있구나 하는 것을 느꼈습니다.

새해가 아니더라도 복을 이야기할 때는 제일 먼저 건강과 오래 사는 것을 생각하게 됩니다. 사실 건강은 제일 중요한 축복이 아닐 수 없습니다. 저는 건강과 장수의 축복을 받았다고 생각하고 감사하고 있습니다. 1996년 바로 10년 전 이화여대에서 정년 은퇴하고, 미국에 있는 모교 신학대학원에서 초빙 교수로 한국 신학과 아시아 신학을 강의하다가 미국 기독교 재단인 아시아 기독교 고등 교육 재단에서 홍콩에 사무실을 내면서 거기에 책임자로 임명되어 5년간 일하다가 다시 은퇴하고 작년 7월 귀국했습니다. 건강해서 외국 땅에서 열심히 일하다가 건강한 몸으로 다시 돌아와 옛날 친구들, 그리고 제자들과 반갑게 만날 수 있다는 것, 축복이 아닐 수 없습니다.

오복五福

　　우리 동북아시아의 유교에서는 다섯 가지 복 가운데 건강과 장수를 빼놓지 않습니다. 다섯 가지 복이 무엇입니까? 보통, 장수의 수壽와 건강과 부富 그리고 관록官祿, 즉 명예로운 벼슬하는 일, 요새 말로는 좋은 직업을 가지는 것이겠지요. 그리고 아들 많이 낳는 것. 그러니까, 수, 부, 건강, 관록, 자식 이렇게 다섯 가지 복을 받거나 가지게 되면 축복받은 셈이라는 것입니다.

　　그런데 요새는 자식 복이 복이 아니라고 합니다. 젊은이들이 결혼을 해도 자식 낳기를 꺼려해서, 우리나라는 출산율 세계 최저의 나라가 되었다고 소동이니, 아들 낳는 것도 이제는 복이 아닌 게 분명합니다. 그래서 시어머니들이 며느리에게 새해에는 황금돼지 같은 아들 낳아 달라고 하는 말이 덕담이 아니라 악담이라는 소리도 들립니다.

　　왜 아이 낳기를 싫어하는가 물었더니, 우리나라가 사교육비 많이 드는 걸로 세계 제일이라고 합니다. 아이를 낳아 기른다는 것이 육체적인 고통과 희생뿐 아니라, 제대로 키우려면, 즉 명문대학을 나오게 하고 박사나 의사나 변호사나 판검사 등 좋은 직업을 가지게 하려면, 유치원 아니라 유아원부터 과외를 시키고, 조기 유학을 시켜 영어를 익히지 않으면 사회의 낙오자가 된다는 것입니다. 그러니 사교육비가 이만저만이 아니고, 기러기 엄마, 기러기 아빠가 정처 없이 날아다니게 되는데, 그 정신적 고통과 가정 문제는 사회 문제로 이어진다고 합니다. 우리나라 이혼율 역시 세계 제일이라고 하는데 기러기 부부들의 문제도 그 원인의 하나라는 것입니다. 그러다 보니 자식 많은 게 복이 아니고, 오히려 "무자식이 상팔자"라는, 한숨 섞인 말이 나오게 되는 것입니다. 아이들 사교육비가 문제라면, 역시 관록과 명예로운 직장을 가지게 된다는 것은 복 중의 복이고, 이 복은 부의 복, 돈 많은 복 없이는 가질 수 없는 복입니다. 이 복을 위해서 너무도 많은 희생을 하게 되는 것입니다. 그렇다면, 이것이 참으로 축복인가 하는 의문을 품게 됩니다. 아이들 공부 제대로 시켜서 좋은 직업 갖게 하려면 돈이 뒷받침되어야 하고, 그러려면 부모가 건강하고 돈 생기는 직업을 가져야 한다는 축복의 악순환이 생기는 것입니다.

이러한 의미에서 세속적으로 혹은 보통 생각으로 다섯 가지 복이란 아이들 많이 낳고 좋은 직장에서 돈 많이 벌며, 부부 사이 좋고 건강하게 돈 잘 벌며, 아이들 좋은 학교 나와서 성공하는 걸 보면서 오래오래 사는 것이라고 생각하게 됩니다.

그래서 중국 사람들은 설날이 되면 아파트 문짝에 한자로 축복 복福 자를 크게 붓글씨로 써서 거꾸로 붙입니다. 복은 하늘로부터 내려오는 것이라는 뜻입니다. 복은 날 때부터 타고나는 것이고 주어지는 것이지 노력해서 되는 것이 아니라고 합니다. 홍콩의 한 유명한 절에 가면 200명 가까운 남녀 점쟁이가 점포를 열고 하루 종일 바쁘게 관상을 보고 사주팔자를 보며 앉아 있습니다. 거기 가면 중국말을 몰라도 됩니다. 한국말은 물론이고 영어, 독일어, 일본어 통역들이 있어서 관광 명소가 되었습니다.

그런데, 유교에서 말하는 다섯 가지 복은 제가 말한 것하고는 좀 다릅니다. 물론 수가 있고, 부가 있고, 건강이 있지만 우리가 알고 있는 자식 복과 관록은 없습니다. 그 대신 유호덕攸好德이라는 복을 말하는데, 도덕을 지키기를 낙으로 삼는 일이라고 설명합니다. 사실 저는 이 설교를 준비할 때까지 이것이 유교에서 말하는 축복인 줄 몰랐습니다. 유교의 가르침에 이런 축복도 있었구나 하고 놀랐습니다. 관록을 가지고 권력을 휘두르며 윤리나 도덕 같은 것은 바보들이나 말하는 것이라고 여기는 경쟁과 권모술수로 완전히 부패한 우리나라 지도층들이 즐비한데, 유호덕이라……. 윤리와 도덕을 지킬 뿐 아니라 그것을 낙으로 삼는 사람, 그런 사람이 축복받은 사람이라는 것입니다. 제가 10년 만에 귀국해서 절실하게 느낀 것은 한국 사회가 잘살게 되어서 수출 3천만 불 시대가 되었고 국민의 연간 평균 소득이 2만 불을 넘어서 이제 곧 3만 불 시대가 온다고 하지만, 우리나라 건국 이래 가장 부패한 나라가 되어가고 있지 않나 하는 것입니다. 그런 의미에서 공자님께서 가르치신 이 축복, 유호덕……. 이 복을 구해야겠다고 생각합니다. 이 축복이야말로 주어지는 것이라기보다는 노력해서 얻어야 하는 것이란 생각이 듭니다.

유교의 다섯 번째 축복은 고종명考終命입니다. 아들 낳고 딸 낳고 하는 이야기가 아니라 "제 명대로 살다가 편하게 죽는 것"이라고 합니다. 저도 나이가 들면서 은퇴하고 나니까 고종명이라고 하는 복을 자주 생각하게 됩니다. 그런데 이 복은 아무리 생각해도 저의 노력으로 얻을 수 있는 게 아닌 것 같습니다. 물론 먹는 것 조심하고 금연 금주하며 아직도 테니스 치고 정기적으로 운동하고 해서 건강하게 살다가 너무 고생 안 하고 고생 안 시키면서 편하게 죽으려고 하지만, 그게 제 마음대로 되는 것 아니지 않습니까. 이 복을 받기를 원해서 "하나님, 건강하게 살다가 고생 안 하고 병원 신세 너무 많이 안 지고 편하게 죽어 하늘나라 가게 해주시옵소서"라는 기도, 간절히 하게 되는 것입니다.

팔복八福

설교 준비를 하면서 팔복이라고 컴퓨터를 쳤더니, 그런 말이 없던지 잘못 썼다는 뜻으로 빨간 밑줄이 쳐지는 것을 보았습니다. 신약성서를 모르거나 예수님이 가르치신 축복을 모르는 사람이 소프트웨어software를 만든 게 틀림없습니다.

예수님은 다섯 가지 축복만이 아니라 여덟 가지 축복을 말씀하셨습니다. 예수님을 따르는 무리들을 산 위에 데리고 올라가 하신 축복의 말씀이라 하여, 산상수훈山上垂訓이라고 불리기도 합니다. 오늘 아침 우리는 교독문의 마태복음 5장을 읽으면서, 그리고 누가복음을 읽으면서 예수님이 말씀하신 축복에 우리가 말하는 다섯 가지 복이 하나도 들어 있지 않다는 것을 절감했습니다. 아주 전혀 다른 축복 리스트입니다. 아주 다를 뿐 아니라 우리가 아는 축복과는 정반대되는 그야 말로 안티anti 축복들입니다. 예수님의 축복 리스트에는 오래 산다거나 건강한 것, 부자 되는 것, 아들 낳는 것, 좋은 직장 가지고 관록에 오래 붙어 있는 것 같은 내용은 전혀 찾아볼 수 없습니다.

예수님의 여덟 가지 축복을 요약하면, 첫째 다섯 가지 복, 즉 가난한 마음, 온유한 마음, 자비로운 마음, 청결한 마음 그리고 애통하는 마음을 지닌 사람들; 둘째, 정의를 갈망하는 마음과 정의를 위해서 말하고 행동하다가 핍박받는 사람들; 셋째, 평화를 만드는 사람들이 받는 축복이라고 요약할 수 있겠습니다.

가난한 사람

처음부터 누가복음에서는 가난한 사람을 축복하고 있습니다. 부가 아니라 가난이 축복입니다. 마태복음은 부자들에게 미안했던지 약간 부드럽게 "마음이" 가난한 사람을 축복하셨습니다. 돈이 많은 부자들이 너무 충격을 받을까 봐 그렇게 했는지도 모릅니다. 어떻든, 부는 축복이 아닙니다. 부는 반도덕적이고 반종교적입니다. 기독교나 불교, 이슬람교, 힌두교 할 것 없이 모든 세계 종교는 가난을 덕으로 알았고 축복으로 알았으며, 천주교의 수도사들은 가난을 자원했고 가난을 맹세했습니다. 개신교 청교도들은 청빈과 청부, 깨끗한 빈자 깨끗한 부자를 축복으로 알았고 덕목으로 가르쳤습니다. 유교에서도 역시 청렴결백한 청백리淸白吏를 찬양했습니다. 이 가난의 축복, 절제와 청렴, 돈을 초개처럼 아는 기독교 청교도의 금욕주의 도덕이 그야말로 돈만 아는 서구 자본주의의 정신적 기반이 되었다는 것은 아이러니가 아닐 수 없습니다.

정의를 위하여

예수님의 팔복 리스트를 보고 놀라는 것은 정의에 관한 것입니다. "의에 주리고 목마른 자"를 축복하실 뿐 아니라, "의를 위하여 말하고 일하다가 핍박을 받는 자" 역시 축복을 받는다는 것입니다. "새해 복 많이 받으십시오"라는 말이 "사회정의를 위해서 말하고 외치고 운동하다가 핍박받으십시오"라는 말이 된다는 것입니다. 한완상 박사나 저희는 해직 교수란 딱지를 달고 대학에서 쫓겨날 때, 그것이 축복이라는 생각을 감히 하지 못했습니다. 그래서 1970년대와 80년대, 새해 인사를 나누면서 "복 받으시오" 할 때는 "올해는 복직이 되어야지요" 정도로 알았습니다. 지금 생각하면 부끄럽습니다. 해직 교수로 대학에서 추방당하거나 긴급조치로 감옥 가는 게 아무나 가는 것이 아니었다고 생각하면, 축복이었습니다. 긴급조치 위반자들을 무죄로 판결 내린 판사들이 그 당시에는 핍박을 받았지만, 그렇게 소신껏 할 수 있었다는 것은 축복이 아닐 수 없습니다.

평화를 만드는 사람들

예수님의 축복 가운데 우리를 감동하게 하는 것은 평화를 위해서 일하는 것, 평화를 만드는 사람에 대한 축복입니다. 평화는 틀림없는 축복입니다. 마음의 평화, 가정의 평화, 사회의 평화, 국제적 평화, 이런 것들이 우리가 간구하고 추구하는 축복임에 틀림없습니다. 평화는 축복 중의 축복입니다. 왜냐하면 구약 성서를 보면 우리 인류의 역사가 카인과 아벨의 형제 싸움으로 시작되었고, 실제로 지난 3,521년의 인류 역사상 3,235년을 전쟁으로 지새웠다는 역사가들의 통계가 있습니다. 실로 인류 역사의 92%를 전쟁하는 데 시간을 보냈다는 이야기입니다. 이것은 저 유명한 역사학자 듀랜트 교수의 집계입니다. 20세기의 미래학자 앨빈 토플러는 말하기를 1917년 제1차 세계 대전 이후 냉전이 끝나는 1990년까지 전쟁이 없었던 기간은 세계적으로 단 3주에 불과했다고 합니다. 전쟁은 통계가 아니라 역사적 사실이고 비극이며, 우리 뼈에 사무친 경험이고 아물지 않은 상처입니다.

남의 통계 이야기할 필요가 없습니다. 저의 한평생을 돌이켜 보더라도, 태어나서 오늘에 이르기까지 전쟁이 멎은 적이 없습니다. 제가 태어나던 1931년 일본이 만주를 점령했고, 초등학교에 들어갈 때, 일본 군대는 중국 본토를 유린하고 남경 학살을 저질렀고, 1941년에는 태평양 전쟁을 일으켜 미국과 치열한 싸움으로 아시아 전 지역을 유린했고, 황폐화했습니다. 저는 만주에 살면서 수없이 미군 폭격을 당했습니다. 우리나라는 원자 폭탄으로 해방된 지 5년이 못 되어 한국전쟁이 일어났습니다. 온 나라 백성들이 피난민이 되었습니다. 38선 남쪽에서는 빨갱이라고 마구 잡아 죽이고, 북쪽에서는 예수쟁이들 모두 미국 스파이라고 총살하고 물속에 탄광 속에 집어넣어 학살했습니다. 평양에서 목회하던 저희 아버지 역시 반공 미국 스파이 누명을 쓰고 총살당했습니다. 10월의 차디 찬 대동상 기슭에서 아버지 시체를 건져내어 장례를 치르고 피난 내려온 것이 벌써 50년이 넘었습니다.

전쟁은 한마디로 나쁜 것이고 아프고 쓰라린 것입니다. 거룩한 전쟁이다 방어전이다 하면서 변명해도 전쟁은 전쟁일 뿐입니다. 그래도 우리가 감사해야 할 것은 그동안 불안하지만 휴전 상태에서 총 쏘고 폭탄 터뜨리는 전쟁을 하지 않았다는 것입니다. 저희

집에 첫 손자가 생겨서 병원에 가서 아기를 안았을 때, 감개가 무량했습니다. 저의 아버지는 손자를 안아 보지 못하고 돌아가셨는데, 그런대로 전쟁이 없어서 내 품에 손자를 안아 본다는 것이 축복 중의 축복이라는 것을 체험했습니다.

평화의 축복

올해 우리는 한반도의 평화를 위해서 평화의 축복을 간구하게 됩니다. 그러나 오복과는 달리 평화의 축복은 누가 주는 것이 아니라 우리가 만들어 나가야 한다고 예수님은 가르치십니다. "평화의 축복을 받는 자가 복이 있다"가 아니라, "평화를 위해서 일하는 사람, 평화를 만들어 나가는 사람들이 복이 있다"는 것입니다.

우리 가운데 전쟁해야 한다고 말하는 사람들, 핵무기에는 핵무기로 대응해야 한다는 사람들이 많습니다. 북한의 체제를 힘과 전쟁으로 없애 버리는 길만이 평화와 통일의 길이라고 떠드는 사람들이 우리나라만이 아니라 미국에도 많다고 합니다. 이제 며칠 후에는 북경에서 열린다고 하는 6자 회담에서 북핵 문제를 평화적으로 해결하고, 굶주리고 있는 우리 동포들이 하루 세끼 밥 먹고 편히 잠 잘 수 있게 하는 세상 만들어 가면서, 남북이 오가고 평화롭게 살 수 있도록 노력하는 축복, 그런 복을 받는 새해가 되기를 바랍니다. 우리 모두, 우리 예수 믿는 사람들이 평화를 만들어 가는 데 앞장서야 하겠습니다.

여러분! 새해 복 많이 받으십시오. 오복이 아니라, 팔복(예수님이 가르치신 복). 가난해지는 복, 절제하고 청결한 삶을 사는 복, 이웃의 아픔을 애통해 하고 돌보는, 자비하고 온유한 마음가짐의 축복; 정의를 위해서 말하고 일하고 싸울 수 있는 축복; 그리고 무엇보다 우리나라 우리 민족의 평화를 위하여 일할 수 있는 축복, 그 축복들을 위해서 기도하고 일하는 복, 그런 복, 많이 받으시기 바랍니다.

아멘.

평화를 만드는 사람들

2010년 1월 17일 새길교회
미가 4:3-5; 마태복음 5:21-24

새해 인사 드립니다. 그동안 폭설과 혹한 속에서도 평안하셨으리라 믿습니다.

작년 2009년 새해에는 1월 18일이 셋째 주일이었습니다. 꼭 1년 만에 다시 여러분 앞에 새해 인사 드리게 되었습니다. 반가운 분들에게 세배하라고 이렇게 초청해 주셔서 감사합니다. 새해 복 많이 받으시고 건강하게 한해 맞이하시기 바랍니다. 그래야 내년 다시 이 강단에서 여러분께 반가운 인사를 드리겠다는 과분한 욕심을 낼 수 있을 것 같습니다. (내년에도 불러 달라는 로비용 발언입니다.)

오늘 우리 화두는 "평화"입니다.

망국의 한

2010년, 올해는 한반도가 일본 제국주의 야욕으로 식민지로 병탄된 지 100년이 되는 해입니다. 1910년을 기점으로 한반도와 중국, 동남아시아와 미국을 포함한 태평양 국가들에는 전쟁과 전쟁의 소문으로 편안한 날이 없었습니다. 일본은 제가 태어난 해, 1931년에 만주를 점령했고, 제가 소학교에 들어간 해, 1937년에 중국 청도에 상륙작전을 펴서 침공했습니다. 그리고 1941년 하와이 진주만을 기습 공격함으로써 태평양 전쟁을 일으켰습니다. 이로 말미암아 1945년, 아시아에서 그 이전에도 그 이후에도 없었던 원자탄 공격을 받고 일본은 전쟁에 패망했습니다.

우리가 일본 제국주의로부터 해방되었다고 정신없이 만세를 부르고 있는 사이에, 한반도의 허리는 잘리고, 남과 북이 북위 38도선을 가운데 두고 둘로 갈라졌습니다. 북에는 소련 군대가, 남에는 미국 군대가 주둔했습니다.

2010년 올해는 6·25한국전쟁이 터진 지 꼭 60년, 환갑을 기념하는 해입니다. 해방된 지 5년 동안 이념적 갈등으로 형제자매가 갈라지고 찢기고 전쟁 아닌 전쟁을 하다가, 무력에 의한 남북통일을 시도한 것이 한국전쟁이었습니다. 60년이 지났는데도 아직 한국전쟁은 끝나지 않았습니다. 1953년 7월에 전쟁 당사국의 일부인 북조선과 미국과 중국은 휴전에 합의하고 협정에 서명했지만, 우리 남한의 이승만 대통령은 끝내 휴전에 반대하고 서명을 하지 않았습니다. 우리는 아직도 엄격한 의미에서 전쟁 상태에 있습니다.

말하자면 우리는 지난 100년 동안, 아니 그보다 더 오랜 세월을 외국 군대와 외국 정부에 점령당한 상태에 있었고, 전쟁 준비와 전쟁 상태에서 살아왔습니다. 지난 100년의 우리 역사를 찬란한 근대화와 개화와 선진화의 역사로 미화하는 시각도 있지만, 사실 고

달프고 서럽고 아프고 괴로운, 고난의 한스러운 역사였습니다. 일본 사람들에게 나라를 빼앗기고 땅을 빼긴 뒤 고향을 등지고 만주로 연해주로 살아남기 위해서 떠돌이 신세로 집을 떠나야 했습니다. 젊은 학생들은 일본군에 학도병으로 끌려가 이름도 모르는 남태평양 섬에서 전사했습니다. 젊은 처녀들은 취직시켜 준다는 감언이설에 속거나 일본 조폭들에게 강제로 납치되어 동남아 타향의 일본 군부대 막사에서 죽어 갔습니다. 미국의 원자 폭탄이 터진 곳은 일본의 수도 동경이 아니라 한국 강제 징용 노동자들이 집결해 있던 서부 히로시마와 나가사키 공장지대였습니다. 인류 최초의 원자 폭탄 희생자는 일본 사람들만이 아니라 한국 노동자들도 다수였습니다.

제2차 세계 대전의 책임자인 독일에는 원자 폭탄을 사용하지 않았습니다. 실전에서 원자 폭탄의 실험 대상이 된 것은 역시 동양인이었습니다. 제2차 세계 대전의 책임자인 독일은 종전과 함께 동독과 서독으로 분단되었습니다. 그러나 태평양 전쟁의 책임자인 일본은 분단되지 않았습니다. 일본 대신 전쟁의 책임자도 아니고 오히려 일본 제국주의의 피해자인 한반도가 분단되었습니다.

2010년, 망국의 한이 해방과 함께 분단의 한으로 이어지고 그 아픔과 상처는 깊어지게 된 것입니다.

분단의 한

올해는 개인적으로 특별한 해입니다. 저의 아버지가 일본 제국주의 아래서는 신사 참배를 거부하고 반대한 목사로 만주에 망명해서 한국 이민자들에게 선교하고, 분단 후에는 북한에서 반공 목사로 목회하다가 6·25전쟁 때 공산군에게 총살당하여 순교자의 반열에 참여한 지 60년이 되는 해입니다. 평양 대동강 가 10월 차디 찬 강물 속에 함께 밧줄로 묶여 총살당한 목사님들과 함께 떠 있는 아버지를 건져내어 얼굴과 몸에 박힌 핏자국을 씻어 드리면서, "다시는 다시는 전쟁이 없게 하여 주십시오" 간절한 기도를 드리며 통곡한 지 60년이 지났습니다. 아버지는 45세의 젊은 목사였습니다. 저는 너무 오래 살았습니다. 올해 팔순이라고 하니 너무도 부끄럽습니다. 피난민으로, 대한민국 해군으로, 외국 유학생으로, 지연도 학연도 혈연도 없이 외롭게 살아남았습니다.

분단과 전쟁의 한은 저 개인의 이야기만이 아닙니다. 오늘 우리 세대, 50대 60대 70대, 한국전쟁의 한가운데서 태어난 50대들, 한국전쟁의 한가운데서 피난민으로 초등학교 중학교 교육을 피난촌에서 받아야 했던 60대들, 군대에서 지원병으로 징병으로 총대를 메고 서툴게 총칼을 휘둘렀던 70대들, 그런 가운데 고아가 됐고, 남편을 잃고 아내를 잃었으며, 아이들과 친척의 생사도 모르고 살아야 했습니다. 살았는지 죽었는지도 모르지만 제사를 지내고 추모예배를 드려야 한 것이 우리의 한 많은 전쟁의 역사, 우리의 자서전들입니다.

평화의 갈망

오늘 아침 봉독한 구약성서의 선지자 미가의 말씀은 전쟁의 한을 안고 사는 우리의 심금을 울립니다.

"주께서 민족들 사이의 분쟁을 판결하시고,

원근 각처에 있는 열강 사이의 갈등을 해결하실 것이니,

나라마다 칼을 쳐서 보습을 만들고

창을 쳐서 낫을 만들 것이며,

나라와 나라가 칼을 들고 서로를 치지 않을 것이며,

다시는 군사 훈련도 하지 않을 것이다……."(미가 4:3-5)

이것은 남의 이야기나 옛날이야기가 아니라, 우리의 이야기이며 우리의 소원, 우리의 꿈입니다. 평화와 통일을 갈망하는 우리의 기도입니다.

주님, 언제 휴전협정이 종전협정으로, 그리고 평화협정으로 전환될 수 있겠습니까? 언제 북조선의 100만 군대가 필요 없어지고 핵개발 포기 선언을 하게 되겠습니까? 그러면 남한 군대도 징병제가 아닌 지원병제로 전환되고, 병역 기피의 비리도 없어지지 않겠습니까? 남북의 엄청난 군비 예산을 사회 복지와 교육비로 그리고 인도적 경제 지원과 통일 비용으로 쓸 수 있게 되지 않겠습니까?

올해 안에 남북 정상회담이 서울에서 열리게 되기를 바랍니다. 그래서 올해 안에 개성 관광이 재개되고, 금강산 구경도 갈 수 있게 하시고, 저희들 죽기 전에 서울서 비행기 타고 백두산 관광길에 오를 수 있게 허락하여 주시옵소서.

이 해가 가기 전에 일본 정부가 한국 강제징용 노동자 보상 문제와 살아남은 정신대 할머니들 보상 문제를 말끔히 해결하고, 독도 문제를 깨끗하게 청산하게 하시고, 100년 동안의 죄를 회개하도록

도와주시옵소서.

3000여 년 전, 남북이 갈라져서 서로 싸우고, 주변 강대국에게 시달리고 노예로 잡혀 갔던 이스라엘 백성들의 꿈, 칼을 쳐서 보습을 만들고 창을 쳐서 낫을 만들어, 살상 무기가 필요 없어지고 군대가 필요 없어지는 평화의 날, 평화로운 세상을 우리도 희망해 봅니다. 그리고 우리는 평화를 만들어 나가야 하겠습니다.

2010년 분단과 전쟁의 한을 품은 우리 한국의 그리스도인들은 평화를 말하고, 평화를 꿈꾸고, 평화를 위해 일하겠다고 다짐해야 합니다. 특히 6·25한국전쟁을 뼈아프게 경험한 세대가 살아생전, 우리 세대가 죽어 없어지기 전에, 이 땅에 참된 평화를 이루기 위해서 일해야 한다고 생각합니다. 이것이 한국 교회와 한국 그리스도인들의 선교적 사명이라고 행각합니다.

평화를 만드는 사람: 평화로운 사람

흔히 "평화를 위해서 전쟁은 불가피하다"는 말을 많이 듣고 많이 합니다. 일본 사람들은 전쟁에 패하고 나서 평화 헌법을 만들고 다시는 전쟁을 위해서 군대를 양성하지 않겠다고 다짐했지만, 자위대라는 군대를 만들어 강화하고 있고, 평화유지군의 명목으로 전쟁 지역에 파병하고 있습니다. 자유를 위하고 생명을 보호하기 위하여 싸우는 자기 방어를 위한 전쟁은 '정당한 전쟁Just War' 혹은 '거룩한 전쟁Holy War' 이라고도 합니다. 중세시대에 유럽의 전사들을 동원하여 몇 백 년 동안 팔레스타인 성지를 회복한다고 일으킨 '십자군 전쟁' 역시 성전聖戰이라고 이름 붙였습니다. 이라크

와 아프가니스탄은 회교도와 기독교도의 종교 전쟁인데 모두 정당방위를 위한 거룩한 전쟁이라고 선전하고 있습니다. 바로 어젠가 그제, 북한이 '성전'이란 말을 써가며 우리를 위협하고 있습니다. 무신론자들이 언제부터 '거룩하다'는 말을 쓰게 되었는지 모르겠습니다.

"평화를 위해서 전쟁을 해야 하고 강해져야 한다." 이것이 우리의 오랜 갈등이고 고민입니다. 그러나 전쟁과 평화를 양립할 수는 없습니다. 평화를 위해서 전쟁을 해야 하고 핵폭탄을 가져야 한다는 것은 핑계일 뿐입니다. 평화를 위해서는 핵폭탄을 없애야 합니다. 평화의 수단은 전쟁이 아니라 평화입니다. 평화를 만드는 사람들은 사나운 사람들이 아니라 평화로운 사람들입니다. 마음이 편안하지 않은 사람들은 평화를 만들 수 없습니다. 평화를 만들고 평화를 만들기 위해 일하는 사람이라고 하는, 이른바 평화운동가들은 사납게 평화를 부르짖고 머리에 띠를 두르고 구호를 외치며 사납게 평화를 울부짖습니다. 평화를 외치면서 사람을 상하게도 하고, 평화운동가라고 하면서 사나운 말, 사람을 해치는 사나운 폭력을 행사해도 된다고 강변하기도 합니다.

오늘 아침 읽은 신약성서의 말씀. 예수님께서 가르쳐 주시는 말씀은 평화를 만드는 사람들의 태도와 행동, 평화로운 사람이 되는 길잡이라고 생각합니다.

예수님은 산 위에 모여든 군중들에게 여덟 가지 복(팔복)을 이야기하시면서 "평화를 위해서 일하는 사람은 복이 있다"고 말씀하신 뒤에, 평화로운 삶과 행동을 가르치고 계십니다. 마태복음 5장 21

절부터 기록된 말씀입니다.

누구나 형제나 자매에게 성내지 마라. 화내지 마라. 폭언을 퍼붓거나 폭행하지 마라는 말씀입니다.

그리고 자기 형제나 자매를 모욕하지 말라고 하십니다. "자기 형제나 자매를 바보라고 하는 사람은 누구든지 지옥 불 속에 던짐을 받을 것이라"고 하셨습니다.

"그러므로 네가 제단에 제물을 드리려고 하다가, 네 형제나 자매가 네게 원한을 품고 있다는 생각이 나거든, 너의 제물을 제단 앞에 놓아 두고, 먼저 가서 네 형제나 자매와 화해하라. 그런 다음에, 돌아와서 제물을 드려라."(마태 5:23, 24)

우리가 오랫동안 망각하고 무시하고 있었던 말씀입니다. 성내지 않는 사람, 화풀이하지 않는 사람, 남을 무시하고 바보라 모욕하지 않는 사람, 폭언하지 않고 폭력과 주먹을 쓰지 않는 사람, 이웃과 원한을 만들지 않고 원한이 있는 사람과 화해할 줄 아는 사람, 머리를 숙이고 진정으로 사과할 줄 아는 사람…… . 이런 사람이 평화로운 사람이고 가까이 있는 사람들과 평화롭게 사는 사람입니다. 평화로운 사람이 평화를 말하고, 평화로운 사람이 평화를 만들 수 있는 것입니다.

평화롭게 사는 한 개인이 나라의 평화를 만들 수 있습니다. 평화롭게 사는 국민들이 평화로운 나라를 만들 수 있습니다. 평화롭게 사는 나라들이 세계 평화를 만들 수 있다고 믿습니다.

평화로운 사람, 평화로운 나라, 평화로운 세상은 정의와 사랑이 넘치는 나라라고 생각합니다. 한자로 평화라는 말을 쓸 때 '화和' 자는 '쌀'과 '입'이 같이 나란히 있는데, '평平' 자와 함께, 입에 밥이 고루 들어간다는 뜻이라고 합니다. 국민 모두가 하루 밥 세끼 고루 먹을 수 있을 때, 그런 사회정의가 구현되면 평화가 가능하다는 뜻이라고 합니다. 중국의 마오쩌둥은 5000년의 배고픈 중국의 역사를 배부른 역사로 만드는 것이 꿈이었는데, 그는 그 꿈을 이루었습니다. 북조선의 김일성은 인민들이 고깃국에 이팝 먹게 하는 게 꿈이었는데, 그의 자립경제는 실패로 끝나고 말았습니다. 이제 우리가 그 꿈을 이루도록, 그래서 굶어 죽어 가는 북한의 아이들을 살리는 일을 도와야 합니다. 이것이 평화를 만드는 일입니다.

평화를 만드는 사람은 정의와 사랑의 사람입니다. 선지자 이사야는 말하기를 평화로운 사람은 주님을 경외하는 것을 즐거워하는 신앙의 사람이라고 하면서, "정의로 허리를 동여매고 성실로 그의 몸에 띠를 삼는다"고 했습니다. 또한 평화로운 사람이 평화를 이룩할 때에는 인간들 사이에만 화해와 평화가 이룩되는 것이 아니라, "이리가 어린 양과 함께 살고, 표범이 새끼 염소와 함께 누우며, 송아지와 새끼 사자와 살진 짐승이 함께 풀을 뜯고, 어린 아이가 그것들을 이끌고 다닌다"(이사야 11:5, 6)고 했습니다.

인간들 사이의 평화, 나라와 나라 사이의 평화는 인간과 동물, 동물들과 동물, 인간과 자연, 창조세계와의 화해와 평화를 이루게 한다는 말씀입니다. 이것이 우리 모두의 궁극적인 해방이며 구원입니다. 평화는 인간 해방과 구원의 목적이며 동시에 수단입니다.

올해 우리의 화두, 우리 대화의 제목 그리고 우리 믿음과 소망과 기도의 제목은 '평화'가 되기를 바랍니다.

평화를 희망하는 사람은 새해 희망을 줄이고 욕심을 버리고 마음을 비우는 사람입니다. 전강옥이라는 이름의 한 조각가가 새해 칼럼을 쓰면서 "희망을 줄이는 새해"를 제안하고 있습니다. 희망을 줄이는 새해에는 "한가롭게 거닐기, 남의 말 잘 듣기, 꿈꾸기, 기다리기, 마음의 고향을 찾기, 글쓰기, 명상하기 등의 조그만 일들을 실천해 보는 것, 이 사소한 '비움'의 행위들이 성장과 도약, 속도와 같은 '채움'보다 더 소중한 의미를 갖는 새해야말로 나와 이웃이 행복해지는 희망 찬 새해다."(한국일보, 2010. 1. 12) 평화를 만드는 사람들, 평화로운 사람들이 참으로 하늘의 복을 받게 될 것입니다.

아멘.

하나님의 나라와 그의 의

1997년 3월 2일 한미교회
마태복음 6:25-33

3 · 1절의 의의

어제가 바로 3 · 1절입니다. 1919년 3월 1일 일본 제국주의 식민지 노예 생활을 거부하고 독립 만세를 외치면서 한국 민족이 해방과 독립을 위해서 하나가 되었던 날을 기념하는 것이 3 · 1절입니다. 그런데 왜 오늘날까지 교회에서 한국의 크리스천들이 3 · 1절 예배를 드리고 찬송가에는 3 · 1절 교독문이 있고 3 · 1절에 관한 설교를 하게 되었는가? 질문하는 사람들이 있습니다.

이 질문에 대해서 여러 가지 대답을 할 수 있겠지만, 다음의 몇 가지로 답변을 시도해 보겠습니다. 그 하나는 3 · 1 만세운동에 한국의 기독교인들이 주도적인 역할을 했다는 사실을 꼽을 수 있습니다. 3 · 1 독립선언문에 서명한 33인 중 개신교 기독교인이 16명이나 된다는 사실입니다. 불교계 지도자로는 단 한 사람이 서명했고, 가톨릭 지도자는 한 사람도 없었습니다. 그리고 한국의 3 · 1운동 이전에 있었던, 일본에서의 독립선언 운동은 동경에 있는 한국 YMCA에서 일어났고, 3·1운동을 거사하는 데 조직 책임을 맡은 사람은 당시 세브란스 학생이었던 박규도라는 20대 초반의 청년이었습니다.

3·1운동에 한국 교회가 적극적으로 참여한 것은 이 운동으로 인한 교회와 기독교인의 피해를 보아도 알 수 있습니다. 일본 군인들이 불을 지르고 파괴한 교회만 해도 70동이 넘었고 일본 헌병에게 체포된 교인, 장로교인만 해도 38,000명이 넘었다는 보고가 있습니다. 총 맞아 죽은 교인들, 매 맞아 죽은 교인들, 참사를 당한 교인들의 수만 해도 보고된 것이 100명이 넘습니다.

이렇게 독립운동이라고 하는 정치적 운동에 크리스천들이 앞장서고 또 그만큼 피해를 입게 된 이유, 혹은 그 원인이 무엇일까 다시금 묻게 됩니다. 이 질문에 대한 대답은 아주 복잡합니다. 그러나 분명하게 말할 수 있는 건 한국의 기독교는 그 시작부터 민족주의적이었고 따라서 정치적이었다는 대답입니다. 역사적으로 볼 때 미국의 선교사들은 한국에 와서 처음으로 병원을 세우고 학교를 열어 많은 지성인들을 배출했습니다. 기독교를 배운 당시의 지성인들은 〈독립신문〉을 창간하고 낡은 봉건주의 사회로부터 탈피하고 개화해서 현대 국가를 창설해야 한다고 주장했고, 일본이라는 외세를 배격해야 한다는, 개화와 독립의 두 가지 당면과제를 외쳤던 것입니다.

교회에는 수많은 젊은이들이 모여들었습니다. 미션 스쿨을 다니는 학생들, 동학농민운동에 실패하고 좌절한 젊은이들, 1907년

구한국의 군대가 일본 군대에 의해서 해체되면서 군인이었던 젊은이들, 나라 잃고 갈 곳이 없고 호소할 데가 없어서 방황하는 이 나라의 젊은이들이 교회로 몰려들었습니다.

예수 그리스도의 복음을 통해서 개화되고, 나라를 찾을 수 있다는 신념으로 젊은이들이 모여들었던 것이 초기 한국 교회의 역사입니다. 선교사들은 한국의 교회가 급성장하는 데 대해서 놀라고 기뻐하면서도, 한국의 기독교가 일제에 저항하는 민족운동의 중심이 되는 것을 두려워했습니다. 일본 정부와 가까와진 미국의 선교사들은 한국 교인들이 교회에서 독립을 논하고 민족주의를 토론하는 것을 금지하기까지 했습니다.

그러나 한국 크리스천들의 나라 사랑과 그리스도의 복음을 연결시키는 그 신념과 신앙, 민족주의적 열정은 막을 수 없었고 말살할 수는 더욱 없었습니다. 한국 기독교의 특징은 민족주의였고, 한국 교회는 민족 교회로 발전해 왔습니다.

일제하의 한국 기독교

한국의 기독교는 한국의 어느 누구보다도 3·1운동의 독립정신과 자유와 해방정신의 전통을 계승했습니다. 그래서 일본 제국주의는 한국의 기독교를 파멸시켜야 할 적으로 인식했던 것입니다. 일본의 동화정책— 한국 사람과 일본 사람 사이에는 차별도 구별도 없다는 내선일체內鮮一體라는 슬로건까지 만들어서 학교에서 교회에서 일본 말만을 강제로 사용하게 하고 심지어는 창씨개명創氏改名까지 하게 했습니다.(저도 끝내 일본 이름을 가지게 되었지만, 부끄러워서 입에 담지 않기로 했습니다.) 이름과 언어를 뺏는다는 것은 우리의 민족적인 정체성을 말살하겠다는 뜻입니다.

많은 한국의 크리스천들이 반대하고 저항하며 나섰습니다. 그러나 아무 소용이 없었습니다. 일본 경찰과 헌병은 창씨개명을 거부하는 기독교인들을 체포하고 매를 때리고 추방하기까지 했습니다.

일제는 한국인의 정체성만이 아니라 기독교의 정체성마저 없애 버리려고 했습니다. 그것은 먼저 신사 참배를 강요하는 것이었습니다. 신사 참배라고 하는 것은 일본 사람들이 도시마다 도시 한가운데 산 위에 일본의 귀신들을 모시는 집을 짓고, 일본 사람들만이 아니라 한국 사람들도 거기 가서 세 번식 절하고 세 번씩 손뼉을 치게 하는 종교 행사입니다. 그리고 학교에서는 아침 조회 때마다 동쪽, 그러니까 일본 동경이 있음직한 방향으로 돌아서서 90도로 절을 하는 이른바 동방요배東方遙拜를 강요했습니다.

일본인들은 신사 참배를 교회의 목사님들에게 강요했습니다. 그것은 민족적인 모욕일 뿐 아니라 종교적인 모독 행위였습니다. 목사님들은 이를 거부했습니다. 신사 앞에 가서 절을 한다는 것은 민족에 대한 배신일 뿐 아니라, 하나님에 대한 배신이며 우상숭배라고 인식했습니다. 그래서 반대하고 거부했습니다. 신사 참배를 하느니 차라리 감옥에 가신 목사님들이 많았습니다. 그리고 많은 목사님과 장로님들이 옥사했습니다.

일본 정부는 신사 참배를 거부한다는 이유로 기독교 학교들을 닫아 버리고 선교사들을 본국으로 추방해 버렸습니다.

한국 기독교의 정치적 전통

　이것이 한국 기독교의 민족주의적 전통이며 정치적 전통입니다. 이것은 3·1운동에서 시작된 민족주의적 전통이며 나라 사랑의 전통인 것입니다.

　그런데 오늘날 우리나라의 상황에서 한국의 크리스천들이 3·1 독립과 해방의 민족운동의 전통을 이어받는다는 것이 무엇인가 생각하게 됩니다. 8·15해방이 되면서 남한에 들어선 이승만 정권이 민주주의를 배신했을 때, 한국의 기독교는 침묵하고 있었습니다. 4·19학생혁명이 일어났을 때도 한국의 기독교는 아무 말도 못하고 있었습니다. 5·16쿠데타로 군사 정권이 들어섰을 때도 한국의 기독교는 민주주의의 원칙을 외치지 못했습니다.

　1970년대 유신 정권이 들어서면서 한국의 교회는 억압적인 군사 정권을 뒷받침하면서 성장을 누리기도 했습니다. 그런가 하면 일부 에큐메니칼 교회 운동가들은 3·1운동의 정신을 이어받아 군사 독재 정권에 저항하고 인권과 민주주의를 위해서 투쟁하는 데 앞장섰습니다.

한국 기독교 전통의 신학적 기반

　한국의 기독교가 3·1운동에 앞장서고 일제하에서는 일본 제국주의에 저항해서 항일 민족운동에 앞장서고 해방 후 군사 독재 정권에 저항한 것이 과연 옳은 것인가. 기독교라고 하는 것은 정치에 관여해서는 안 된다, 그런데 왜 한국 기독교는 독립운동에 가담하고 민주화운동에 가담하고 정치에 관여하는가 하는 비판을 많이 하고 그것이 참 기독교인 양 가르치기도 합니다.

제 경험 이야기를 하나 하겠습니다. 저는 세계 YMCA 회장의 자격으로 여러 나라를 방문했습니다. 지난 가을에는 중국 YMCA의 초청을 받고 강연차 출국하게 되었습니다. 뉴욕에 있는 중국 영사관에서 비자를 받아야 해서 모든 서류를 갖추어 가지고 영사관에 제출했습니다. 비자 담당관이 서류를 검토하더니 묻는 말이 "What is YMCA?" 하는 것이었습니다. "Young Men's Christian Association"이라는 저의 대답에, 두 번째 질문을 던지는 것이었습니다. "What is Christian?"

저는 금방 대답할 수가 없었습니다. 도대체 이 질문의 의도가 무엇인지 알 수도 없거니와 한마디로 "예수 믿는 사람들"이라는 대답으로 될 것 같지가 않아서 망설이기만 했습니다. 여러분, 저는 30년 동안이나 기독교 신학을 가르친 사람입니다. 그리고 기독교가 무엇인지 교회에서 설교한 사람입니다. 그런데 이 질문에 대답을 못 하고 멀뚱히 서 있었습니다.

줄이 길어지자 지루해진 제 뒷사람이 소리를 질렀습니다. "Christian is religion!" 이 소리를 들은 비자 담당관이 고개를 흔들면서 "No visa for you." 단 한 마디로 저는 비자를 거절당했습니다. (물론 시간은 걸렸지만 중국 당국의 지시로 비자를 받고 상하이에 다녀오기는 했습니다.)

크리스천이란 어떤 사람들이고 무엇을 하는 사람이라고 한 마디로 말할 수 있겠습니까? 한국의 많은 기독교인들은 크리스천이란 "예수 믿고 천당 가는 사람들"이라고 생각합니다. 교회에 열심히 나가는 사람들, 세상 걱정 멀리하고 세상 문제는 잊어버리고 교회에 와서 열심히 기도하는 사람들, 예수를 믿는다는 것은 우리나라의 문제나 민족의 문제, 사회 문제나 경제·정치 문제에 대해서는 생각할 필요가 없고, 어떤 대통령이건 위해서 조찬기도회나 하면 되는 것 정도로 생각하는 게 참 기도교인이 되는 것인가 질문하게 됩니다.

나라의 문제, 민족의 문제, 경제 정의의 문제, 전쟁과 평화의 문제를 기피하고 예수만 믿고 천당 가겠다는 것이 기독교의 전부일 때, 기독교는 한 사회, 병든 사회를 고칠 수 없고 빛과 소금의 역할을 할 수 없게 되는 것입니다. 한국 인구의 25%가 기독교인이라고 하는데도 한국 사회에 아직도 부정부패가 없어지지 않는 것을 보면, 한국의 기독교가 과연 어떤 기독교인지 문제가 많다고 생각합니다.

3·1정신을 이어받는다는 것

오늘 읽은 성경 말씀, 하나님의 나라와 그의 의를 구하라고 하신 예수님의 말씀은 오늘 우리의 문제에 대해서 하시는 말씀으로 받아들이게 됩니다. 예수님을 믿고 크리스천이 된다는 것은 먹을 것을 걱정하고 입을 것을 걱정하고 물질적인 축복을 바라고 죽어서 천당 가는 일에 집중하는 것이 아니라, 하나님의 나라를 생각하고 하나님의 나라의 정의를 우리가 사는 이 세상에 어떻게 구현하는가 하는 기도를 드리는 것이라는 게 예수님의 가르침입니다.

크리스천으로서 3·1운동의 전통을 이어받는다는 것은 이 세상에 하나님의 나라와 그의 정의를 구현하려고 애쓴다는 뜻입니다. 그것은 우리 가정에서부터 시작해서, 우리 아들이 다니는 학교의 교육 문제, 우리가 사는 동네의 인종 차별 문제, 우리가 살고 있는 나라의 정치 문제·사회 정의 문제에 대해서 기도하고 세계 도처에서 일어나고 있는 전쟁 문제에 대해서 생각하고 공부하고 기도하는 걸 말하는 것입니다.

그리고 한국의 민주주의의 발전을 위해 기여하고, 관리들과 정치인들의 경제적 부패 문제에 대해서 생각하고 이를 없애기 위한 기도 운동을 하는 것이고, 나아가서 우리나라가 평화롭게 통일되는 것을 위해서 기도하는 것입니다.

조국의 3·1절을 생각하면서 나라와 민족의 앞날을 위해서 기도하는 것이 크리스천의 책임이고 우리나라 역사의 3·1운동과 그 정신을 이어받는 것이 무엇인가를 생각하면서 이 말씀을 드렸습니다.

아멘.

무덤의 돌을 굴리고…

1997년 3월 30일 부활절 한미교회
마가복음 16:1-8

무덤을 찾은 세 여인

부활절이 되면 여러 가지 예수님의 부활에 대한 이야기를 듣습니다. 그러나 중요한 줄거리는 예수님이 십자가에 못 박혀 처참한 죽음을 당하는 것을 보고 사랑하는 제자들이 모두 도망쳐 버렸다는 이야기입니다.

그런데 오늘 읽은 성경 말씀을 보면, 막달라 마리아와 야고보의 어머니 마리아 그리고 살로메라는 여인, 이렇게 세 여인은 예수님의 십자가 밑에서 임종을 끝까지 지켜보고, 예수님이 어디에 묻혔는지도 끝까지 좇아가 보았던 것입니다. 예수님의 무덤이 어디에 있는지 알아 두었던 이 세 여인은, 우리로 말할 것 같으면 삼우제가 되는 돌아가신 지 셋째 날 새벽, 향료를 들고 예수님 무덤을 찾아갔던 것입니다. 예수님의 시체에 향료를 발라 드리기 위해서 갔다고 기록되어 있습니다.

그 잘났다고 떠들던 제자들, 절대로 예수님을 저버리지 않겠다고 맹세하던 수제자 베드로, 모두 무서워서 도망 치고 예수는 누구인지 알지도 못한다고 비겁하게 배신한 남자들이 그렇게 많은데, 여자들이 용감하게 나서서 이른 새벽 예수님의 무덤을 찾아갔던 것입니다. 지금도 예루살렘에 가 보면, 예수님의 무덤이었다고 하는 곳은 예루살렘 성밖 험하고 외진 골짜기인데, 그 당시는 더욱 외지고 으스스한 곳이었을 것입니다.

이런 의미에서 우리 남자 교인들이 신앙에 대해서 반성해야 할 일이 많다고 생각합니다. 여자 교인들이 오늘날에도 계속 열정 있는 신앙을 지키는 것은 부활절의 여인들의 전통을 이어받은 것이라고 생각합니다.

무덤의 돌

예수님의 무덤은 동굴과 같은 곳에 커다란 돌을 굴려서 막아 놓은 천연 동굴 무덤이었다고 합니다. 이 세 여인이 동굴 무덤에 접근하면서 그 커다란 돌문 생각이 나서 "아니 누가 무덤의 돌문을 열어 주지?" 걱정을 하기 시작했습니다. 무덤을 지키고 있던 병정들은 새벽잠이 들어서 인사불성이고, 깨어 있다 하더라도 이 세 여인을 위해서 돌을 굴려 주리 만무했습니다.

그런 걱정만 서로 나누면서 무덤에 다다랐는데, 그 커다란 돌은 이미 굴려져 있고 무덤이 환하게 열려 있었습니다. 영문을 모르고 이 세 여인은 무덤 안으로 뛰어들어 갔습니다. 천에 감긴 예수님의 시체는 보이지 않고 그 자리에 찬란한 흰옷을 입은 청년이 앉아 있었습니다. "도대체 누구를 찾는 거요?" 이 청년의 질문에 떨리는 목소리로 대답했습니다. "예수님……." 청년은 말하기를 "예수님은 살아 나셨습니다" 하시는 것이었습니다.

부활은 마음의 돌문을 여는 것

우리는 예수님의 부활에 대해서 여러 가지로 해석하고 질문하며, 의심하고 믿어 보려고 애쓰기도 합니다. 지난주 샌디에이고 북쪽 부자마을에서 39명의 남녀가 잘못된 신앙, 잘못된 부활신앙 때문에 집단 자살한 참사가 있었습니다. 우리가 믿는 부활은 UFO에 실려서 다른 별로 부활하는 것이 아닙니다. 성서에 있는 대로 예수님의 부활과 우리의 부활은 십자가의 고난과 죽음과 연결되는 것입니다.

우리는 살아가며 예수님을 십자가에 다시 못 박는 일을 많이 하고 있습니다. 또한 예수님을 돌무덤에 가두어 두고 크고 무거운 돌로 막아 놓는 일이 많이 있습니다. 그것은 우리의 마음 문을 닫아 두는 것과 같은 일입니다. 돌문으로 우리의 마음을 닫아 놓고 예수님을 들어오지 못하게 하는 일입니다. 이것이 바로 예수님을 돌무덤에 가두어 두는 것입니다.

예수님이 부활하시게 하기 위해서 우리는 예수님의 돌무덤을 열어 드려야 하겠습니다. 우리 사이즈에 맞게 예수님을 무덤에 묻어 버리는 일이 없는가? 우리가 믿기 좋은 편안한 예수님, 우리를 야단치시는 예수님이 아니라, 우리를 칭찬만 하시는 예수님으로 정리해서 무덤에 가두어 두는 것은 아닌가? 우리의 올바른 삶보다는 잘살게만 해주시는 예수님. 그런 예수님이 아니면, 무덤에 묻어 버리는 예수님. 그런 예수님을 우리가 만들어 내고, 믿고 있는 것이 아닌가? 그리고 참 예수님, 무서운 예수님은 무덤의 돌을 굴리고 무덤에 가두어 두는 것이 아닌가 생각하게 되는 것입니다.

오늘 이 기쁜 부활절에 우리도 부활의 기쁨을 가지고 부활을 경험하려면 우리의 마음 문을 활짝 열어야 하겠습니다. 봄바람이 우리 집 안에 시원하게 불어 들어오듯이, 우리의 마음 깊은 곳에도 불어 들어오게 해야 합니다. 그래서 세상과 이웃을 향해서 열린 마음을 가질 때, 우리는 예수님과 함께 부활을 경험할 수 있는 것입니다.

예수님은 우리의 마음 문을 두드리시고, 좁아 터진 마음을 활짝 열라고 하십니다. 그리고 부활하신 예수님을 영접하고, 세상과 이웃을 새로운 마음으로 받아들이라고 하십니다. 예수님의 돌무덤의 커다란 돌을 굴리고 무덤을 열어 드려야 합니다. 부활하신 예수님이 우리 세상에 다시 살아나시게 해야 합니다. 예수님은 죽은 사람들이 들어가는 무덤에 계시지 않습니다. 살아서, 사랑으로 우리 가운데 계십니다.

오늘 부활절 날, 무덤의 권세를 이기시고 이 세상 안으로 부활하신 예수님을 마음 문을 활짝 열고 영접하시기 바랍니다. 이 복된 부활절에, 우리 모두의 가정 위에, 무덤의 돌문을 열고 부활하신 예수님이 항상 함께하실 것을 기원합니다.

아멘.

어머니의 사랑과 치맛바람

1999년 5월 9일(어머니 주일) 브롱스 한인교회
마태복음 20:20-21; 마가복음 3:31-35

어머니날 어머니 생각

어머니날이면 아무리 나이 들어도 어머니 생각을 하게 됩니다. 많은 사람들이 백화점에 몰려들어 어머니날 선물을 산다고 하지만, 우리 나이가 되면 어머니 선물 대신 마누라 선물이나 며느리 선물을 찾게 됩니다. 그러면서 어머니 살아생전에 변변한 선물 한번 못 해드린 것이 한스러워 우울해지기도 합니다.

저의 어머니는 평북 강계 태생의 뛰어난 미인이었습니다. 어쩌다 길에 나서면 사람들이 어머니 쳐다보느라 정신을 잃는 것 같아 어린 저는 기분이 좋았습니다. 목사의 부인이 너무 미인이라서 곤란하다는 소리도 많이 들었습니다. 성질이 급해서 장로들과 자주 다투고 일 년에 한 번씩 교회를 옮기고 이사를 해야 하는 목사를 모신 어머니는 아버지에게 절대 복종했고, 모진 가난을 참아 넘겼습니다. 신사 참배 거부로 만주로 망명해야 했기 때문에 그 춥고 외로운 만주 땅에서 폐병에 걸리고 말았습니다.

만주에서 제가 입학한 학교는 일본 사람들만 다니는, 한국 사람으로서는 들어가기 어려운 학교였습니다. 그런데 일본을 그렇게 싫어하던 아버지가 왜 저를 일본 중학교에 넣었는지 그때는 잘 이해를 못했습니다. 그 옛날에는 중학교에 들어가는 걸 과거시험에 합격한 것과 진배없이 생각했기 때문에 가문에 경사가 아닐 수 없었습니다.

어머니는 아픈 몸을 이끌고 20리, 그러니까 아마 5마일 정도 되는 산길을 걸어서 입학식에 힘겹게 참석하셔서 기뻐하시며 눈물을 흘리시던 기억이 납니다. 제가 중학교에 입학한 그해 여름에 어머니는 한국 친정집에 돌아와서 세상을 떠나셨습니다.

저는 한국의 어머니들이 이 세상에서 가장 불행한 어머니들이라고 생각합니다. 전쟁에 시달리고, 남편의 사랑 제대로 못 받고, 가난에 시달리고, 아이들 해 먹이느라고 자신의 인생이라곤 하나도 없이 희생과 봉사로 얼굴에 주름이 깊어지고 허리가 굽어진 한국의 어머니들을 존경합니다.

게다가 아이들 공부 때문에, 이유야 어떻든지 간에 미국에 이민 오게 된 어머니들―영어도 할 줄 모르면서 남편 따라 아이들 따라 낯선 땅에 와서 자리 잡느라, 장사하느라, 아이들 명문대학에 보내느라, 눈물과 희생의 인생을 살다 보면, 이젠 아이들이 미국 사람이 다 되어가지고, 어머니하고는 대화도 안 된다고 무시하고, 파란 눈, 까만 피부의 아이들과 결혼한다고 나서면 주름은 더 깊어가고 한숨 소리만 커 가는 것이 우리의 현실인 것 같습니다.

성서의 어머니들

신약성서에 기록된 어머니를 찾아보았습니다. 혹시나 위로를 받아 볼 수 있을까 해서 말입니다. 그런데 예수님의 어머니 마리아 이야기 몇 군데 나오는 것밖에 없습니다. 예수의 어머니 마리아의 인생도 그리 평탄치 않았습니다. 처녀의 몸으로 예수를 잉태했으니 동네 사람들의 눈이 여간 두려웠겠습니까. 약혼자 요셉하고는 대하기도 무서웠습니다. 오죽했으면, 요셉이 파혼하려고 하니까 천사가 나타나서 말리기까지 했겠습니까. 요새처럼 병원에서 순산하기는커녕 냄새 나는 마구간에서 예수를 해산하지 않았습니까. 그리고 산후 조리를 할 틈도 없이 아기를 안고 애굽으로 피난길을 떠나야 했습니다.

예수가 열두 살 나던 해 유월절에 예루살렘에 관광 갔을 때, 예수가 인파 속에 보이지가 않아 사흘이나 찾아다녔는데, 예수는 성전에서 학자들과 이야기를 나누고 있었습니다. 어머니가 화를 내자, 예수가 하는 말, "아니 내가 성전에 있어야 하는 줄 몰랐습니까?" 이런 불효자식이 어디 있습니까? 이젠 다 키웠구나. 이젠 내 자식이 아니라, 성전에 바친 자식이구나……. 그렇게 생각했을 것입니다.

어머니의 사랑과 치맛바람

요사이 한국에서는 대학 입학시험 제도가 달라진다고 고3 아이를 둔 어머니들이 야단이라고 합니다. 이전에도 대학 입시에는 어머니들의 치맛바람이 없지 않아 있어 왔습니다. 입학원서를 내는 날, 대학 캠퍼스는 난리가 납니다. 그리고 입학시험을 보는 날에는 새벽부터 캠퍼스 곳곳에 기도하는 장소가 자연히 마련됩니다. 나무 밑에는 불교 믿는 어머니들이 모여 앉아서 불경을 외우고 목탁을 두드리고, 바위 밑에는 기독교 믿는 어머니들이 소리 지르면서 기도합니다. "하나님, 예수님, 우리 아이가 이 학교 들어오지 못하면, 누가 들어오겠습니까?" 해가며 떼쓰는 것을 보게 됩니다. 그런데 이제는 고등학교의 내신 성적으로 대학에 입학하게 한다고, 어머니들이 고3의 어머니회 회장이 되려고 정치운동을 한다고 야단들이라고 합니다. 고3 담임선생님들이 선물·뇌물 공세에 시달리게 되었습니다.

어머니들이 생각하는 자녀 사랑이라고 하는 것이 무엇입니까? 자라나는 아이들이 학교에서 돌아오면 가방을 받아 주고, "밥 먹어라" "공부해라" "아니 그거 하고 마니? 공부 더해라" 이것이 아이와의 대화 전부가 아닙니까. 아이가 우울해서 집에 들어오더니, 학교 반 친구 장례식에 가야 한다고 나서면, "갈 놈은 가는 거야. 장례식 같은 데 가서 시간 뺏기지 마. 입시 경쟁자 한 놈 없어져 다행이지 뭐……" 한답니다.

한국에서 오랜만에 아들 만나러 온 어머니……. 미국서 대학 나오고 좋은 회사에 취직해서 돈 잘 벌고 잘사는 아들과 저녁을 함께 먹으면서 하는 말……. "밥 잘 먹니?" "뭐 먹니? 아침은 제대로 먹고 회사 나가니? 피자 같은 것 시켜 먹지 말고 제대로 된 음식 좀 해서 먹어야 해……. 교회는 나가니? 어디 나가니? 아무리 바빠도 교회는 열심히 다녀야 해. 그래야 하나님의 축복 받을 수 있어……." 이런 폭탄 공세에 머리가 다 커버린 아들은 아무 말 안 하고 밥만 꾸역꾸역 먹고 있었습니다.

그 아들이 백인 여자와 사귄다는 이야기를 듣고 한국서 달려와서 아들 아파트 문 앞에서 졸도했다는 소식도 들었습니다. 예수의 어머니 마리아도 치맛바람에 있어서는 우리 어머니들과 별 차이가 없었습니다.

아들 예수가 미친 사람처럼 귀신을 내쫓고 이상한 소리나 하며 다닌다는 소문이 퍼져서, 마리아의 심기를 불편하게 했습니다. 동네 사람들이 예수를 집에 데려다가 요양을 시키든지 집에 가두어 두어야지, 사회에 물의를 일으키고 있다고 야단하는 바람에 예수를 끌고 올 요량으로 예수가 병 고치는 현장에 달려갔습니다. 혼자 힘으로는 예수를 끌고 올 수 없다고 생각했는지 동생들까지 몰고 갔습니다.

제자들이 예수에게 어머니와 동생들이 와서 면회 신청을 한다고 하니까 예수님은 들은 척도 안 하시고, "누가 나의 어머니며 나의 형제냐?" 그리고 주위에 둘러앉은 사람들을 둘러보시면서 "보아라, 내 어머니와 내 형제들이다. 누구든지 하나님의 뜻을 행하는 사람이 곧 내 형제요 자매요 어머니이다" 하십니다. 예수의 어머니와 형제들은 그 자리에 주저앉아서 예수의 말씀을 들을 수밖에 없었습니다.

예수님에게는 치맛바람이
통하지 않았습니다

오늘 봉독한 성경 말씀을 보면, 야고보와 요한의 어머니는 대단한 야심을 품고 있었습니다. 두 아들이 예수의 제자가 됐으니 예수가 정권을 잡게 되면 한 자리 해야 한다는 것이 이 어머니의 생각이었습니다. 예수는 이제 십자가에 못 박힐 준비를 하고 있는 마당에 어머니는 조용히 예수를 만나러 옵니다. 아마 묵직한 보따리를 싸 들고 왔겠지요. 아들 하나는 예수의 오른편에 또 다른 아들은 왼편에 한자리 써 달라는 것입니다. 한자리 로비를 하러 온 거지요. 어머니의 치맛바람입니다. 지금 식으로 치면 국무총리와 내무부장관쯤 되나요?

성숙한 어머니, 성숙한 사랑

우리 어머니들, 아버지들은 더하지만, 어머니의 사랑과 치맛바람을 혼동하기 쉽습니다. 예수의 어머니 마리아도 그랬지만, 야고보와 요한의 어머니는 더 심한 경우였습니다. 한국의 어머니들도 사랑과 치맛바람을 많이 혼동하고 있습니다. 아이들을 사랑한다는 것은 잘 먹이고 잘 입히고 좋은 집에서 놀게 하는 것이 전부가 아니라는 것, 이번에 더번 근처 리틀톤의 콜럼바인 고등학교 총기 난동 사건에서 너무나 절실하게 배웠습니다. 먹을 걱정 없고 집 걱정 없고 입을 것 걱정 없는 집 아이들이 저지른 끔찍한 일을 보면, 아이들이 좋은 학교에 다니면 그만이라고 생각하는 우리 어머니들에게 교훈이 될 수밖에 없습니다.

　성숙한 어머니는 아이들을 자기 마음대로, 자기가 원하는 대로, 자신의 욕심대로 다루지 않습니다. 유명한 프랑스 노래 가사에 "자유는 사랑의 어머니"라는 말이 있습니다. 자유 없는 사랑, 자유를 허용하지 않는 사랑은 사랑이 아닙니다. 아이들에게 자유를 주지 않으면 사랑의 노예가 되고 맙니다. 스스로 생각할 줄 모르고 스스로 결정할 줄 모르며, 언제까지나 엄마 치맛자락만 붙들고 다니려는 정신적으로 나약한 아이들로 기르게 마련입니다.

　아이들을 어머니나 아버지의 소유물로 생각해서는 안 됩니다. 아이들을 어른으로 대하고 존중하는 어머니가 성숙한 어머니입니다. 어른 대접을 받는 아이들이 어른으로 성숙합니다. 성숙한 어머니에게 성숙한 아이들이 자라납니다.

　성숙한 어머니는 아이들과 대화하는 어머니입니다. 대화를 하려면 말이 통해야 합니다. 미국에서 자라나는 아이들과 대화를 하려면, 아무래도 어머니가 영어를 배우든지, 아이들에게 우리말을 쓰게 하는 수밖에 없습니다. 우리말을 하지 않으려는 아이들을 보면 대개 부모들과 대화가 없습니다. 그리고 아이들과 대화의 길을 트려면 어머니들이 공부를 해야 합니다. 아침이든 밤이든 매일 그날 신문을 읽어야 합니다. 텔레비전 뉴스만 가지고는 아이들과 대화가 안 됩니다. 책을 읽는 어머니는 아이들과 대화할 수 있는 어머니입니다. 아이들은 어머니와 대화하기보다는 컴퓨터와 대화합니다. 아이들과의 대화를 위해서는 컴퓨터를 배우고 이메일로 아이들과 대화를 시작하십시오. 아이들에게 컴퓨터를 배우십시오.

　성숙한 어머니는 믿음과 희망이 있는 어머니입니다. 아이들을 하나님에게 맡기십시오. "아이들을 내 뜻대로 마옵시고 하나님의 뜻대로 하시옵소서."

이 기도를 진심으로 할 수 있는 어머니가 참으로 성숙한 어머니입니다. 어머니의 치맛바람으로 아이들을 기르는 것이 아니라 하나님의 사랑으로 아이들을 기르는 어머니가 되시기를 바라는 마음으로 이 말씀을 드립니다.

"아브라함아, 아브라함아!"

1998년 6월 21일 아버지의 날 뉴욕 한인교회
창세기 22장

한국에는 아버지의 날이 없습니다. 아버지날과 어머니날을 합쳐서 어버이날이라는 것이 있지만, 사실은 어머니날로 어머니에게 모두 영광이 돌아갑니다. 어린이날, 스승의 날이 있지만, 남자 어른을 축하하고, 용기를 주고, 위로하고, 감사하고 한 달 내내 광고를 내면서 아버지의 날 세일을 하고 선물을 주는, 결국 그 돈이 다 아버지 주머니에서 나오지만, 이런 날이 한국에는 없습니다.

아버지날이란 것, 참 좋다고 생각합니다. 그리고 오늘 미국의 아버지날에 방문객인 한 나그네가 여러분과 함께 아버지를 생각할 수 있게 된 것 감사하게 생각합니다. 두 아들을 둔 아버지로, 한 사람의 아들로서……. 여러분의 경우에는 저와 마찬가지로 아이들의 아버지로서, 한 사람의 아들 혹은 딸로서, 그리고 앞으로 아버지가 될 사람들로서 아버지, 아빠, father 그리고 dady가 된다는 것이 무엇인가 생각하는 시간을 가진다는 것은 중요하다고 생각합니다.

나의 아버지

저의 아버지는 시골 교회 목사셨습니다. 저는 제 아버지를 존경합니다. 그러나 지금 철이 좀 들어서 아버지의 좋았던 점을 생각하니까 그렇지 제가 어렸을 때는 별로 존경하지 않았습니다. 그 이유는 몇 가지 됩니다.

먼저 아버지가 무능하다고 생각했습니다.

아버지가 해야 할 일이 무엇입니까. 경제적으로 유능해서 가족이 빈곤에 허덕이지 말아야 하는데, 저는 어렸을 때, 우리 집만 궁핍하다고 생각했습니다. 어린 마음에 목사는 장로들보다 높은데 왜 장로님 댁은 잘살고, 우리 집에서 먹지 못하는 흰밥에 고깃국을 먹는가, 불만이 많았습니다. 교인들이 가져다주는 쌀이 떨어지면 어머니는 다음 끼니를 걱정해야 하고 많은 경우 겨우 죽 한 그릇으로 저녁 식사를 해야 하는 우리 집 식구를 생각하면 아버지는 무능하다고 생각했습니다.

둘째, 아버지가 아이들을 너무 때린다고 생각했습니다.

저는 어렸을 때 종아리도 맞았고 매도 많이 맞았습니다. 보통 아이들처럼 장난도 많이 치고 아이들하고 많이 싸우고 매도 많이 맞았습니다. 공부는 잘한다고 칭찬을 하시면서도 아주 작은 일에도 매를 드셨습니다. 목사 아들이 그러면 안 된다며……. 종아리를 맞을 때마다 어머니는 저를 위로하시면서 그 옛날의 만병통치약인 멘소래담을 종아리에 발라 주시고 눈물을 흘리시며, "아버지가 널 무척 사랑하시기 때문에 이렇게 때리시는 거야" 하시는 어머니가 믿어지지가 않았습니다. 요새 말로 하면 아버지는 틀림없는 '아동학대자child abuser'라고 단정하고, 이 때문에 저는 아이들을 나아 길러도 절대로 때리지 않기로 혼자 굳게굳게 약속했습니다. 정말 여태까지 우리 아이들에게 체벌을 가한 적이 한 번도 없습니다. 여기 앉아 있는 제 아내가 살아 있는 증인입니다.

셋째, 아버지의 고집불통이 싫었습니다.

아버지는 목회에, 시쳇말로 한다면, 성공하신 분이었습니다. 한 교회에 부임하시면 교회가 부흥합니다. 그래서 일 년도 안 되어 새 예배당을 짓습니다. 목회에 열정적이어서 추진력이 강하셨습니다. 그렇게 하다 보면 장로님들하고 의견 충돌이 생기고 해서, 예배당을 짓자마자 당회에서 언쟁을 하곤 집에 와서 어머니더러 당장 짐을 싸라는 것입니다. 어머니는 아무 말 않고 묵묵히 이삿짐을 싸십니다. 그 다음날 아침 일찍 얼마 안 되는 가재도구를 소달구지에 싣고 우리 아이들은 타거니 걷거니 하면서 다음 마을로 이사를 떠납니다. 왜 소달구지가 그렇게 느린지, 교인들이 엉엉 울면서 따라오는 게 저는 그렇게도 창피하고 싫었습니다. 저는 이리하여 소학교 6년 동안 여섯 학교를 다녀야 했습니다.

그래서 아버지는 저에게 좋은 롤모델이 아니었습니다. 오히려 반대 롤모델이라고 생각했습니다. 아버지처럼 가난하게 살지 않으리라. 아이들이 배부르게 먹게 하고 좋은 옷 입히고 좋은 집에서 편안하게 살게 할 것이다. 절대로 아동학대자가 안 되리라, 다짐했습니다. 그리고 목사가 안 될 것이다. 목사가 돼서 장로들에게

별시받고 쫓겨나는 그런 일 절대로 당하지 않으리라. 고집부리지 않고 신경질 내지 않으며 부드럽고 융통성 있는 사람이 되리라. 아이들을 돌보고 사랑하되 버르장머리 없이 제멋대로 자유방임한다는 말을 듣는 한이 있더라도 그렇게 하리라 맘먹었습니다.

그럼에도 불구하고 저는 아버지를 존경하고 있습니다. 아버지는 정의파였고, 신앙에 충실한 분으로 순교자의 길을 택했습니다. 가난한 아버지가 싫었지만, 철이 들어서야 비로소 아버지의 강직함과 정의감이 우리를 가난하게 한 것이란 사실을 깨닫게 되었습니다. 신사 참배를 강요당했을 때 거부하고 짐을 싸들고 압록강을 건너 만주로 망명해서 저도 애국자처럼 소년 시절을 보냈습니다. 해방이 되어서 북에 있는 고향으로 돌아가 공산당 정권에 저항하다가 6·25 때 납치당해서 총살되었습니다. 대동강 찬물 속에 던져져 있는 주검을 발견하여 장례를 지내고 월남했습니다.

불의에 굴하지 않고 불의한 정치권력에 저항하며, 정의를 위해서 일하다 당하는 사람들, 억울한 사람들 편에서 말하고 일해야 한다는 아버지의 신념과 순교자의 삶을 저는 존경하고 있습니다. 한국에서 1970년대와 80년대를 살면서, 그렇게 산다는 것이 얼마나 힘는지를 몸으로 체험하고, 한 아버지로 가정의 평안과 한 사회인으로 옳은 생각과 곧은 신념으로 산다는 것이 얼마나 힘든지를 알게 되었습니다.

좋은 아버지

훌륭한 아버지. 누가 훌륭한 아버지입니까? 어떤 아버지를 훌륭한 아버지라고 합니까? 저는 제 아버지를 생각할 때, 훌륭한 목사였다고 생각하지만 훌륭한 아버지였다고는 생각하지 않습니다. 저는 아버지 같은 목사가 되고 싶다고 생각하지도 않았고 아버지 같은 아버지는 절대로 되지 않겠다고 다짐했습니다. 여러분은 훌륭한 아버지 모델이 있습니까?

한국의 옛날이야기에도 훌륭한 어머니 이야기는 나오는 것 같은데, 아버지 이야기는 심청전의 심봉사 이야기가 고작 아닌가 생각합니다. 역사적 인물로 한국의 젊은이들은 이순신 장군을 존경한다고 하지만 이순신 장군이 훌륭한 아버지였는지는 아무도 모릅니다. 한국의 대통령들을 생각해 보면, 박정희 대통령을 위시해서 전두환·노태우·김영삼 대통령들 모두 훌륭한 아버지라기보다 미련한 아버지라는 말을 더 듣고 있으니, 우리에게 이런 아버지가 되라고 할 만한 모범은 없는 형편입니다.

링컨 대통령이 훌륭한 아버지였는가? 잘 모릅니다. 케네디 대통령을 개인적으로는 존경하지만, 훌륭한 아버지인가? 클린턴 대통령 역시 요새 신문에 나오는 것을 보면, 그의 딸 첼시의 속을 썩이는 아버지겠고 그리 훌륭하다는 말은 듣지 못할 것 같습니다.

성서의 아버지 상

그래서 우리는 성경에 기록되어 있는 아버지 가운데 우리의 모범이 될 만한 아버지가 있나 찾아보게 됩니다.

인류의 조상 아담……. 아담이야 말로 실패한 아버지의 전형적인 예라고 하겠습니다. 아이들을 어떻게 길렀기에 형이 아우를 살인하게 합니까?

우리는 아브라함을 믿음의 조상이라고 합니다. 오늘 읽은 성경 말씀에 보면 아버지 아브라함은 최초의 근친 살인 미수죄를 지은 아버지로 기록되어 있습니다. 아들을 죽이려 한 아버지, 100살이 넘은 고령에 귀하게 얻은 아들, 열두 살도 채 넘지 않은 이삭을 죽이려한 믿음의 조상 아브라함……. 물론 하나님께 제물로 바치려고 그랬다는 이유가 있지만, 아이의 목숨보다는 종교를 더 중요하게 생각한 광신자 아버지였습니다. 하나님이 아브라함의 믿음을 시험해 보려고 그랬다지만, "하나님, 저를 떠보지 마십시오. 저의 종교를 위해서 아들의 생명을 파괴할 수 없습니다. 다른 길을 보여 주십시오" 하고 협상할 수 없었을까요?

성서 해석자들은 아브라함 당시에 감행되었던 종교적 이유로 하는 근친 살인, 아이들을 종교적 희생 제물로 바치는 악습을 폐지시키려고 한 것이라고 합니다.

어떻든 아브라함은 아들을 죽이려 했던 아버지로 영원히 기억될 것입니다.

구약성서를 보면 입다라는 장군이 나옵니다. 그는 전쟁터에 나가면서 맹세하기를 만약 전쟁에서 승리하고 돌아오게 되면 맨 처음에 자기를 환영하는 사람을 희생 제물로 하나님에게 바치겠다 약속을 하고 떠납니다. 장군 입다는 전쟁에서 크게 승리하고 고향으로 돌아옵니다. 아버지의 승리를 축하하고 영접하기 위해서 장구를 치고 춤추면서 나타난 것이 입다의 외동딸이었습니다. 장군 입다는 자기의 약속 때문에 승리했다는 생각에 자신의 외동딸을 희생 제물로 하나님에게 바칩니다. 하나님은 이삭은 죽지 않게 했지만, 입다의 딸은 그대로 죽게 했습니다.

그리고 성서에는 그 딸의 이름도 나오지 않습니다.

이스라엘의 왕 다윗은 훌륭한 제왕으로 알려져 있지만 훌륭한 아버지는 아니었습니다. 늙어서까지 아이들 때문에 속 많이 썩다가 죽어 간 아버지입니다. 솔로몬의 지혜를 따를 사람이 없다고 하지만, 솔로몬의 대를 이은 아이들이 없었습니다. 지혜로운 왕이 반드시 지혜로운 아버지가 아닌 것 같습니다.

신약성서에서 훌륭한 아버지를 찾아보지만 마찬가지로 실망하고 맙니다. 우선 예수님은 아버지의 역할을 보여주시지 않았습니다. 예수의 아버지에 대해서는 아무 말이 없습니다. 예수님이 말씀하신 비유 가운데도, 탕자 아버지 이야기가 나오지만, 아들을 탕자로 길러 낸 것을 보면 성공한 아버지라고 할 수 있을지 모르겠습니다.

하나님 아버지

하나님은 우리 모든 아버지의 롤모델이 될 수 있는가? 예수님만큼 하나님을 아버지로 모신 분도 없을 것 같습니다. 주기도문만 해도 "하늘에 계신 우리 아버지……"로 시작합니다. 예수님이 기도하실 때 보면, "아바, 아버지……"로 하나님을 불렀습니다.

그런데 예수님의 아버지 하나님은 예수님이 십자가에 매달렸을 때, 손가락 하나 까닥하지 않았습니다. 예수님은 "아버지, 아버지 왜 나를 버리십니까?" 소리를 지르시며 십자가 위에서 죽어 갔습니다.

하나님을 아버지의 이미지로 말하는 것은 남성 중심적이고 가부장제적인 고집 때문이라고 여성신학자들은 비판합니다. 그것도 일리가 있는 말입니다. 그런데 더 심각한 것은 우리의 아버지에 대한 경험과 인식, 느낌이 분명치 않거나 좋지 못한 데 있습니다.

"하나님 아버지……" 할 때 우리는 무슨 소리를 하는지 알고 하는 건지 묻게 됩니다. 하나님은 어떤 분입니까 하고 물을 때, 우리는 아주 쉽게 "아버지 같은 분이야……"라는 대답을 할 수 없을 것 같습니다.

– 한목연 목사

그렇다고 해서 아버지, 훌륭한 아버지, 모범적인 아버지는 어떤 것인가? 생각을 해도 "하나님 같은 사람이야……" 하기도 부끄러워졌습니다. 옛날 우리 조상 아버지들은 어떻게 그토록 자신 있게 아버지와 남편을 하늘 같이 모셔야 한다고 했는지 모르겠습니다. 정말 우리 아버지 된 사람들로서 솔직하게 우리가 하나님 같은 사람들인가 묻게 됩니다. 우리 대답은 부끄럽게도 "아닙니다. 무슨 그런 무서운 말씀을 하십니까?" 하고 대답할 수밖에 없을 것 같습니다.

훌륭한 인간, 훌륭한 아버지

결국 우리의 문제는 큰 것 같습니다. 훌륭한 아버지의 모습을 하나님에게서도 찾을 수 없고 성경이나 역사에서도 찾기 어렵다면, 어디에서 찾을 수 있을까 묻게 됩니다. 우리 아버지와 아이들 사이에서, 부자간의 관계 속에서 찾을까요?

아이들은 어떤 아버지를 모범적이고 이상적인 아버지로 생각할까요? 훌륭한 아버지는 아이들을 어디까지 뒷바라지하는 아버지일까요? 훌륭한 자녀에 훌륭한 아버지가 생긴다면 훌륭한 아이들은 어떻게 해야 훌륭해지는 것일까요? 아이들이 모두 대학에 가고 그것도 일류 명문대학에 가서 '사짜 돌림' 의사, 변호사, '목사는 빼놓고' 대사, 계리사가 돼서 IMF에도 끄떡 않고 잘살게 되면, 성공한 아버지인가요? 그리고 아이들 덕분에 미국에 이민 오게 되면, 그게 성공한 아버지인가요?

미국의 아버지들을 보면 아버지의 역할이라고 하는 것은 결혼한 동안에 생긴 아이들을 돌보고 교육시키는 일로 끝나는 것 같습니다. 개인주의 정신이 강한 미국 사회에서는 개인 남자의 행복이 우선이고, 아버지로서의 책임은 별로 큰 문제가 안 되고 있습니다. 이혼을 하게 되면, 아버지로서의 책임은 제이 제삼의 문제가 되고 아버지의 직책은 포기하고 마는 것 같습니다. 한 가정의 아버지가 아니라 여러 아내에게서 생긴 가정의 아버지가 되면, 아버지의 역할—아이들 말대로, my second father, my third father가 되고, 아버지의 이미지라고 하는 것은 결국 my mother's friend and lover 라고 탈바꿈하게 되는 것입니다.

아버지가 없는 사회가 되어 가고 있는데 아버지날이 왜 중요한 것인가요? 아버지 없는 사회가 되어 가니 아버지날이 필요한 것인지도 모르겠습니다.

아버지라고 하는 것은 결혼제도를 전제로 합니다. 그리고 아이들을 전제로 합니다. 하지만 그 제도 자체가 흔들리고 있는 사회에서 아버지의 자리, 아버지의 모습은 애매하거나 초라하거나 보잘 것 없습니다. 아이들 길러서 교육시키고 나면 집 나가고 시집 장가 가고 뿔뿔이 헤어지고 영감 노친네만 홀로 살게 됩니다. 공부를 마치고도 취직자리가 없으면 아버지가 살림을 도아주어야 합니다. 취직이 돼서 잘산다고 해도, 바쁘다는 핑계로 아버지 생각은 별로 안 하다가 아버지날에 겨우 카드 한 장 보내면 감지덕지하는 형편입니다.

예수님처럼 살아가기

제 결론 아닌 결론은 이렇습니다. 제 경험을 통해서 말할 수 있는 것은, 훌륭한 아버지가 되려면 훌륭한 인간이 되는 수밖에 없다는 것입니다. 형편없는 아버지였지만 훌륭한 인간이었다는 말을 듣는 것이 더 좋을 것 같습니다. "형편없는 인간이 어떻게 훌륭한 아버지가 되었지"라는 말보다 더 좋을 것 같습니다. 이 말 뒤에는 못된 인간이 훌륭한 아버지가 될 수 없다는 뜻이 깔려 있습니다.

결국 훌륭한 인간이 훌륭한 아버지가 될 수 있는 것이라고 생각합니다.

그것은 훌륭한 인간이 훌륭한 스승이 되고, 훌륭한 인간이 한 나라의 훌륭한 지도자가 되고, 훌륭한 인간이 훌륭한 아내가 되는 것과 마찬가지라고 생각합니다. 저는 예수님이야말로 그러한 훌륭한 인간이라고 생각합니다. 그래서 예수님을 믿고 예수님의 길을 따라가고 예수님처럼 살아보려고 노력합니다.

예수님을 믿고 예수님처럼 살아가는 길이 훌륭한 인간이 되는 길이고 훌륭한 아버지가 되는 길이라고 생각합니다.

삶과 죽음의 의미

1999년 1월 31일 부롱스 장로교회
전도서 2:18-26

손자를 보았습니다

지난 10월 저희는 첫 손자를 보았습니다. 명실 공히 할아버지 할머니가 되었습니다. 축하해 주십시오. 좀 늦은 감이 있지만 공부하느라 너무 늦게 장가를 들었고, 아이보다 학위가 먼저라고 생각해서 아이도 좀 늦게 낳는 바람에 이렇게 되었습니다.

지난달 필리핀에 회의가 있어서 가는 길에 우리 첫 손주 안아 보고 싶어서 서울 집에 들렀습니다. 아들 며느리가 재우느라 애쓰다가도, 할아버지가 안아 주기만 하면 잠을 잘 자는 바람에 손자 보는 재미가 이런 거구나…… 제 스스로 감탄하기도 했습니다.

손자를 안고 곱게 잠든 아이를 들여다 보면서 많은 생각을 했습니다. 무엇보다도 감사하다는 마음이 들었습니다. 며느리가 순산하고 건강한 것도 감사했고, 손자도 정상적으로 태어나고 건강한 모습이고 모두들 행복해 하는 것을 보고 감사했습니다.

그러면서 문득 저희 아버지 생각이 났습니다. 한창 일할 나이인 45세를 끝으로 순교하신 아버지 모습이 떠올랐습니다.

아버지는 편안하게 손자를 안아 보고 손자를 잠재우고 손자 자라는 모습도 못 보시고 가셨다는 생각이 나서 갑자기 미안해졌습니다.

그렇지만 내가 이렇게 살아남아서 아들이 있고 며느리를 얻어서 이제 손자를 내 품에 안을 수 있다는 것, 보통 감사한 일이 아닙니다.

이튿날 아침, 아침밥을 들면서 아들놈이 저에게 넌지시 질문하는 것이었습니다. "아버지, 손자를 보시고 안아 보시는 느낌이 어떻습니까?" "왜, 내가 너무 좋아하니까 놀리는 거냐? 놀려도 좋다. 정말 좋고 고마울 뿐이다. 내가 느낀 대로 말한다면, 너의 할아버지 생각을 했다. 너를 보지도, 안아 보지도 못하고 순교하신 할아버지를 생각하면, 오래 산다는 것이 이렇게 좋은 것이구나 하는 걸 느꼈다. 너희 할아버지에겐 참 미안하지만 말이다. 그런데 내가 이렇게 오래 살 수 있는 것도 다행한 일이지만, 우리나라에 6·25전쟁 이후 전쟁이 없었다는 것, 평화가 그런대로 유지되었다는 게 참 중요한 것이라고 느꼈다. 전쟁이 없는 것하고 손자 보는 게, 관계가 없는 것 같지만 우리의 현실에선 무시할 수 없는 거란다."

정말 그렇게 생각했습니다. 지난 50년 동안 우리 땅에서 전쟁 없는 평화를 유지할 수 있었기 때문에 우리가 이렇게 살아남아서 손자를 보고 3대가 한 지붕에서 살 수 있다는 것, 우리의 전쟁으로 얽힌 불행한 역사를 돌이켜보면, 거의 기적에 가까운 일이라고 생각했습니다.

그러면서, 다시 한번 우리나라의 평화를 위해서 더욱 노력을 해야지, 남북으로 갈라져서 벌써 50여 년 동안 서로 총을 겨누고 살지만 어떻게 해서든지 전쟁을 해서는 안 된다는 생각, 평화와 통일이 동시에 한꺼번에 오지 못한다 해도 전쟁만은 하지 말아야겠다는 생각을 굳히게 되었습니다.

우리 여기 계신 할아버지 할머니들, 유태영 목사님, 오랫동안 갖은 오해를 받으시면서도 한반도의 평화와 통일을 위해 일하시는 것 뒷받침해 드리고 목사님과 함께 북한의 굶어 죽어 가는 아이들을 위해서 기도하고 한국의 통일을 위해서 우리 마음속에 묻혀 있는 미움, 반공 이데올로기를 청산해야 한다고 생각합니다.

늙어 간다는 것

할아버지가 되니까 이젠 정말 늙어 가는구나 하는 생각이 들었습니다. 2년 반 전에 한국에서 정년퇴임할 때만 해도 직장을 떠나서 집에 눌러앉게 되지 않아서 그랬는지는 몰라도 정년퇴직할 만큼 늙지 않았다는 생각을 했습니다. 손자를 보고 필리핀 가는 비행기를 타면서 갑자기 유언을 남겨야겠다는 생각이 들었습니다. 유언을…… 무슨 말을 남길 것인가? 한국에 있을 땐데 은퇴하기 며칠 전에 전화가 왔습니다. 장기기증협회인가 하는 데서 어떤 예쁜 목소리의 아가씨가 장기 기증을 하라는 권유를 하는 것이었습니다. 자기 시신을 의과대학 해부실습용으로 기증하는 선배들의 이야기를 들으면서 참 훌륭하다고 속으로 생각한 일은 있지만, 장기 기증을 하라는 권유에 선뜻 대답을 못 하고 말았습니다. 그래 유언을 한다면 나의 시신을 의과대학에 기증할 것인가? 보통 사람들처럼 관 속에 들어가고 장례식을 하고 무덤에 묻힐 것인가? 아니면 화장을 해서 한강에 뿌려 달라고 할까?

아직 결정을 못 하고 말았습니다. 그래도 유언을 쓴다면, 나의 얼마 안 되는 재산은 어떻게 할 것인가? 두 아들에게 골고루 나누어 가지라고 할 것인가? 마누라가 나보다 더 오래 살게 될 텐데 마누라에게 모두 맡긴다고 하면 되지 않을까? 이런 생각을 하다가 좀 억울하다는 생각이 들었습니다. 나는 아버지한테서 일전 한 푼 받은 것이 없이 나 혼자 손으로 이만큼 일구어 집도 한 채 있게 되었는데, 왜 우리 아이들에게 모두 주어야 하는가? 내가 자수성가 했는데, 왜 우리 아이들은 그렇게 못하겠는가? 하는 생각이 들었습니다. 차라리 내가 가진 모든 것을 대학 재단에 기부해서 장학금으로 학생들 교육에 도움이 되는 것이 더 잘하는 일이 아닐까? 이렇게 생각하다가도, 내가 죽은 다음에 내 재산이 어떻게 되든지 내 알 바 아니고 또 내가 관리할 것도 아닌데, 아이들이 가지고 제대로 관리하든지, 대학이 맡아서 관리하든지 내가 관여할 수 있는 것도 아닌데…… 별 걱정을 다하고 있다는 생각 역시 들었습니다.

전도서의 지혜 있는 사람

오늘 읽은 전도서의 말씀을 보면, 이 지혜 있는 나이 많은 전도자의 말이 가슴에 와 닿습니다.

"세상에서 내가 수고하여 이루어 놓은 모든 것을 내 뒤에 올 사람에게 물려줄 일을 생각하면, 억울하기 그지없다. 뒤에 올 그 사람이 슬기로운 사람일지 어리석은 사람일지 누가 안단 말인가? 그러면서도 세상에서 내가 수고를 마다하지 않고 지혜를 다해서 이루어 놓은 모든 것을 그에게 물려주어서 맡겨야 하다니, 이 수고도 헛되다."(전 18, 19절)

그렇다고 해서 우리가 지녔던 것을 모두 다 가지고 갈 수도 없지 않습니까?

한국 경주에 가보면 임금님들, 왕비들의 무덤들이 산더미만큼 크고 무덤 속 금관에 세상의 귀한 보석은 다 넣고 죽으면서 가지고 갔지만, 결국 도둑들이 도굴해 가지 않으면, 세상의 구경거리가 될 뿐입니다.

그래서 전도자는 말합니다.

"사람에게는 먹는 것과 마시는 것, 자기가 하는 수고에서 스스로 보람을 느끼는 것, 이보다 더 좋은 것은 없다. 알고 보면, 이것도 하나님이 주시는 것, 그분께서 주시지 않고서야 누가 먹을 수 있으며 누가 즐길 수 있겠는가?"(전 24, 25절)

노인 철학

유언을 쓰면서 장례식 계획을 하고 재산 상속을 계획하는 일들 모두 미래를 위한 계획들인데, 우리가 미래를 계획할 수 있는가? 설사 계획을 한다 해도 계획대로 될지 안 될지 모르게 되는 마당에 우리가 하는 미래를 위한 계획이라는 것은 사실 헛된 것이 아닌가 생각합니다. 우리에게 미래가 있다면, 확실한 것은 죽음이 있다는 것뿐입니다. 우리에게는 미래가 없습니다.

그러니까 우리에게는 과거와 현재가 있을 뿐입니다. 사실 우리는 우리의 과거에 살고 있는 거나 다름없습니다. 그래서 우리는 옛날이야기를 많이 합니다. 아이들이 그렇게도 듣기 싫어하는데도, 전쟁 때 피난 나오던 이야기, 부산에서 고생하던 이야기, 군대 가서 죽을 고비를 넘기던 이야기, 이민 오던 이야기……. 우리 과거에 이런 구질구질한 이야기 말고 무엇이 있습니까? 교훈이 되라고 하는 말이지만 아이들은 역시 듣기 싫어합니다.

하는 수 없이 혼자 과거를 들추어 보게 됩니다. 아이들이 이젠 들여다보지도 않는 낡고 바랜 사진첩을 펴 들고 이리저리 뒤집으면서 과거를 추억합니다. 친척들과 친구들의 얼굴을 보면서, 미안한 생각, 아쉬운 생각, 화나던 생각, 싸우던 생각…… 그러면서 웃기도 하고 눈물도 흘리고 한숨도 쉬고, 혼자 사과도 해보고, 뉘우치기도 하고 회개도 하고 감사하기도 합니다.

과거가 행복했으면 행복했던 대로, 불행했으면 불행했던 대로, 과거는 이제 돌이킬 수 없습니다. 그러나 남을 불행하게 한 일이 있으면, 그이가 아직 살아 있는 동안 사죄하고 사과하는 만남을 계획하십시오. 돌아가셨으면, 그이 자손을 찾아보십시오. 그러나 과거를 돌이킬 수는 없습니다.

우리에게 남은 것은 현재뿐입니다. 하루하루의 삶이 새삼스럽습니다. 하루아침 깨어나서 숨을 쉬게 되고 기지개를 펴고 일어나는 것이 신통하고 감사할 뿐입니다. 과거를 받아들이고 미래를 체념하고 현재를 감사한 마음으로 살아가는 것, 이 이상 행복한 삶이 없다고 생각합니다. 이제 우리에게 무슨 욕심이 있겠습니까? 아무리 욕심을 내도 마음대로 되는 것이 아닙니다. 욕심을 버리고 마음을 비우고 명예도 야심도 버려야 합니다.

남에게 섭섭한 생각이 나거든 나는 남을 섭섭하게 하지 않았는가 반성해야 합니다. 남이 나에게 무엇인가 해주기를 바라기 전에 남을 생각하면서 사는 연습, 이제라도 늦지 않았습니다. 지금이라도 시작해야 합니다. 왜냐 하면, 지금도 이 나이에 숨을 쉬고 있고, 살아 있고, 몸을 움직이고, 교회에 나오고, 사람들을 만난다는 것이 얼마나 감사한 일인지 모르기 때문입니다.

이것이 곱게 늙어 가는 방법입니다.

우리 하루하루의 삶, 한순간 한순간 숨 쉬는 것, 모두 신통하게 느껴지기 때문입니다. 하나님이 주시는 것이라는 걸 더욱 절실하게 느끼기 때문입니다. 내가 이렇게 살아 있는 것도 신기하고 신비하고 신통한데, 나의 생명줄이고 나의 핏줄인 손자를 안고 손자의 숨소리를 듣고 있으니 감사할 뿐입니다. 모두 하나님이 주시는 것이라는 믿음이 있기 때문에 더욱 깊이 느끼게 되는 것입니다. 이것이 천당이고, 이렇게 사는 것이 하늘나라입니다.

오늘 유태영 목사님께서 저를 초청하시면서 할머니 할아버지 헌신 예배라고 하셔서 기쁜 마음으로 손자 생긴 자랑을 하고 싶어서 할머니와 같이 왔습니다. 제가 이 설교 준비를 하면서 문득 한국

YWCA에서 일하시는 분이 쓰신 글, 저희 서울 집에 걸어 놓은 것인데, 음악을 하는 저희 아들이 거기에 곡을 붙여서 어머니 생신에 바친 노래가 있습니다. 할머니에게 오늘 설교 뒤에 부탁했더니, 많이 사양하다가 제 설교 내용과 어울린다고 해서 마지못해 허락을 했습니다.

생각하며 살자

김순갑 사 / 서정실 곡

작아지자 아주 조그맣게 자신을 낮추고 줄이면서 살자
목소리도 낮추고 몸도 낮추고 그렇게 늙어 가자
지나온 세월을 돌아보고 반성하고
욕심을 줄이고 야망도 줄이고 사람에 대한 기대도 줄이고
남이 나를 위하여 무언가를 해주기를 기다리지 말고
내가 남을 위하여 아주 하찮은 일이라도 하도록 하자
열심히 부지런히 살자 흰머리 한 올 늘 때마다
(주름살 한 개 늘 때마다)
그만큼 가슴에 사랑을 키우면서 잘 늙어 갈 연습을 하자

생각하며 살자

김순갑 사
서정실 곡

조금 느리게(m.m.=88)

민족을 향한 사랑
- 6 · 25에서 7월 4일 사이

2008년 6월 29일 서울 성북교회
로마서 8:31-39; 9:1-5

지난 주일 종로5가에 있는 기독교회관에서 한국기독
교교회협의회가 주최하는 촛불 집회를 논의하는 시국토론회가 있
었습니다. 대학 교수님들과 청년 운동가들이 아주 예리하고 적절
한 분석을 하는 자리였습니다. 토론자들은 한결같이 촛불 소녀들
과 소년들의 이야기를 하면서 자발적으로 나와서 미국산 쇠고기
수입 문제가 자기들의 건강의 문제와 연결된다는 것을 노래와 춤
으로 표현하고, 젊은이들의 미래를 보장하지 않으려는 정부에 대
해서 호소하는 데 감동 받았다는 것이었습니다. 20여 년 전 386세
대가 민주화를 위해서 군사독재 정권에 저항하며 데모하던 때와
는 다른 모습, 데모가 아닌 축제 같고, 돌을 던지는 시위가 아니라
비폭력을 외치는 촛불 문화제라는 것을 강조하고 있었습니다.

토론자들의 토론이 끝나고 강당에 모인 청중에게 마이크를 돌리
는 자유 토론 시간이 되었습니다. 그런데 저처럼, 흰머리의 할아

버지 한 분이 일어나서 아주 큰소리로 하시는 말씀: "나는 6·25 전쟁 때 군인으로 싸운 사람입니다. 70이 훨씬 넘은 노인이지요. 나는 6·25 때 전쟁을 치르며 사람을 많이 죽인 사람입니다. 6·25 이후, 오늘에 이르기까지 우리나라에 공산당 빨갱이 간첩이 얼마나 많은지 아십니까? 당신네들은 모릅니다. 촛불 시위를 비폭력이다 평화적이다, 배후 불순세력이 없다, 그렇게 말할 수 없습니다. 촛불 시위, 그 뒤에 빨갱이 간첩들이 조종하고 있는 거 왜 그렇게 모르십니까?" 이렇게 말하면서 소리소리 지르고 삿대질을 해댔습니다.

그리고 고래고래 소리를 지르면서 모임을 방해하는 것이었습니다. 사회자의 지시로 그 할아버지를 청년들이 모시고 강당 밖으로 데려 나갔습니다. 그런데 안에 앉아 있던 다른 흰머리 할아버지들이 일어서서 비슷한 이야기를 해대는 것이었습니다. 이 모임은 빨갱이 모임이라고.

저는 그 할아버지의 모습을 보면서 부끄러웠습니다. 저도 6·25를 겪은 사람입니다. 평양에 살다가 열아홉 살 때 죽을 고비를 넘기며 피난민으로 남한으로 도망쳐서 부산에서 대한민국 해군에 입대해서 5년이나 군대생활을 하면서 6·25의 전쟁에 살아남은 70대 후반의 흰머리 노인입니다. 여러분과 같은 많은 젊은이들이 저를 보면 무슨 생각을 할까요? 틀림없는 '꼴통 보수', 미국을 하나님보다 더 섬기고 믿는 친미 예수쟁이, 기독교가 아니라 '개독교인'이고, 북한의 배고픈 어린이들에게 먹을 것을 주는 대신 더 많은 사람들이 굶어 죽어 가야 북한이 빨리 망하게 된다며 이북에 무엇이든 퍼주지 못해 안달하는 김대중, 노무현이는 총살해야 한다고 떠벌리는 노인들 중의 하나로 볼 것이 아닌가…… 생각하면, 얼굴을 들고 다닐 수가 없습니다.

그렇다고 해서 "나는 저런 무식한 늙은이들하고는 달라. 예장 통합 측 목사지만 꼴통 보수도 아니고, 이명박을 찍은 사람이 아니야"라고 소리칠 수도 없고, 요사이 촛불 시위하는 사람들처럼 가슴에 "나는 진보 목사"라고 써 붙이고 다니기는 쑥스럽고…….

서울시청 앞 광장과 광화문 일대에서 시민들이 미국산 쇠고기 수입 반대 시위를 하는 한가운데 우리나라 기독교 보수 세력을 대표하는 목사님들과 교인들이 나와서 촛불 시위 반대를 외치고 기도회를 하면서 이명박 정부를 두둔하는 것을 봅니다. 착잡한 마음과 함께 울화도 터지고 슬픈 마음에 눈물을 멈출 수가 없는 답답함을 느낍니다. 우리 민족의 아픈 역사, 남과 북으로 갈라져서 고통을 당하는 것도 모자라서 이제 남한에 사는 사람들도 좌와 우로 진보와 보수로 갈라지고, 미국산 쇠고기 먹겠다는 사람들과 먹을 수 없다는 사람들로 갈라져서 서로 미워하고 적대시하는 이 민족적 비극을 한탄하지 않을 수 없습니다.

평양의 6 · 25

1950년 6월 25일은 주일이었습니다. 라디오에서 특별 방송을 했습니다. 남조선의 미 괴뢰군이 38선을 넘어서 공격해 오기 때문에 할 수 없이 국토를 방위하기 위해 온 인민군대가 반격을 해서 남으로 남으로 진격하게 되었다는 것입니다. 평양 대동강 남쪽, 그러니까 평양의 강남에 있는 교회 목사였던 아버지는 교인들이 교회에 전원 출석할 것을 연락하게 했습니다. 전쟁이 일어났다는 소식에 그날 주일 아침 예배에는 다른 때보다 더 많은 교인들이 모여들었습니다. 아버지의 설교는 감동적이었습니다. 출애굽기를 읽으시며 "드디어 북한이 해방될 날이 멀지 않았습니다. 틀림없이 인민군이 먼저 남한을 공격했지만, 머지않아서 남한 군대와 미국 군대가 우리를 해방시킬 것입니다. 믿음을 가지십시오, 그리고 희망을 가지십시다. 이제 해방은 머지않았습니다." 저는 이 말씀을 들으면서 떨리기만 했습니다. 아버지의 용기 때문에 떨렸고, 해방의 기쁨에 떨렸고, 그렇지만 아버지가 경찰에 끌려가 반공 목사라고 고문당하고 매 맞고 모욕당할 것을 생각하면서 떨었습니다.

저는 북한 인민군에게 끌려가지 않으려고 우리 집 마루 밑에 땅을 파고 낮에는 그 안에 들어가 살고 밤에는 골방에 숨어서 살았습니다. 거의 매일 미국 비행기가 폭탄을 투하하고 이북 군인들을 공격할 때면 평양 시민들은 도망갈 생각은 하지 않고 모두 길거리에 나와서 비행기를 향해 손을 흔들면서 환영했습니다. 그러다가 미국 비행기 기관총에 맞아 죽는 사람들도 속출했습니다. 우리는 비밀리에 라디오를 틀어 놓고 북한 군대가 서울을 점령하고 대전과 대구까지 진격해서 이제 남북이 통일될 날이 머지않았다는 슬프고 안타까운 소식만 듣고 있었습니다. 그러던 어느 날 아버지가 주일 새벽에 행방불명이 되셨다는 소식을 들었습니다. 북의 보안서원이 조사할 것이 있다며 연행했다는 것입니다. 제가 열아홉 살의 어린 나이에 아버지를 대신해 그 주일 예배를 인도하고 설교까지 했던 기억이 납니다.

며칠 안 되어 라디오에서 미국의 맥아더 장군이 인천으로 상륙해 서울을 탈환했다는 소식을 들었습니다. 그리고 한 달쯤 되어서 평양에 국군과 유엔군이 진출했고, 인민군들이 북으로 북으로 도망가고 있다는 소식을 숨어 있던 땅굴에서 들었습니다.

미군이 평양으로 들어온다는 소문을 듣고 저와 저의 친구들은 거리로 뛰쳐나가서 만세를 부르고 미군과 국군을 환영했습니다. 교회의 종소리는 전에보다 더욱 크게 울렸습니다.

그러나 목사 아버지는 돌아오지 않았습니다. 교회 장로님들과 집사님들이 함께 나서서 아버지의 행방을 찾기 시작했습니다. 한 주일 동안 평양 시내와 시외, 감옥이란 감옥, 산과 들과 강가를 찾아다녔지만 헛수고였습니다. 하루는 소식이 왔는데 대동강 하류 강가에서 아버지의 시체를 찾았다는 것이었습니다. 달려가 보니 아버지는 다른 목사님 네 분과 함께 밧줄에 매여 강기슭에 떠 있었습니다. 아버지의 얼굴과 몸에는 총알이 관통한 자리가 무수했습니다. 평양의 10월 하순은 얼음이 얼 정도로 춥습니다. 시체가 추운 강물 속에서 부패하지 않아 곧 알아볼 수 있었습니다.

저는 아버지의 시체를 부둥켜안고 하염없이 울었습니다. "아버지의 원수를 반드시 갚고야 말겠습니다. 공산당을 때려잡겠습니다" 눈물로 약속을 했습니다. 대동강이 내려다보이는 교회 뒷동산에 아버지를 묻으면서 "다시는 전쟁이 없는 나라를 만들겠습니다" 다짐하며 다시금 눈물로 약속했습니다.

6 · 25와 7 · 4 사이

　　대한민국 해군에 복무하면서 아버지의 원수 갚는 길은 공산당을 때려잡고 북한을 공격하고 정복하는 길밖에 없다고 다짐했습니다. 전쟁하는 길밖에 없다고 생각했습니다. 오늘도 그렇게 생각하는 사람들이 많이 있습니다. 특히 6 · 25 경험이 있는 우리 세대의 늙은이들, 이북에서 피난 온 기독교인들이 대부분 그렇게 생각합니다.

　　군 복무를 마치고 저는 미국에 가서 공부할 수 있는 은혜를 받았습니다. 미국의 물질적 풍요에 감탄하고 즐기면서도, 우리나라의 가난과 분단의 고통을 잊어버릴 수가 없었습니다. 미국의 민주주의를 배우고 몸으로 경험하면서, 공산주의 독재에 대한 비판의식을 키울 수 있었습니다. 미국의 흑인들이 인종차별을 당하며 고통받는 것을 보면서, 또한 흑인 지도자들이 흑인 해방을 위해서 비폭력 시위를 벌이며 승리하는 것을 보며 감격하고 부러워했습니다. 미국에도 가난한 사람들이 많고 흑인들이 멸시를 받고 살지만, 공산주의가 발을 붙이지 못하는 것은 민주주의를 제대로 하고 있고, 국민들이 자유롭게 말하고 자유롭게 정부를 비판하고 언론이 자유롭게 자기 의견을 낼 수 있고 토론할 수 있고 데모할 수 있기 때문이라는 것을 배우게 되었습니다. 공산당을 때려잡는 것은 전쟁만이 아니라 평화적인 방법으로도 할 수 있고 오로지 민주주의를 제대로 하면 승리할 수 있다는 데 확신을 가지게 되었습니다.

　　저는 4 · 19를 미국에서 듣고 보았습니다. 5 · 16 박정희 군사 쿠데타도 미국에서 신문과 방송을 통해서 듣고 보았습니다. 저는 박사과정을 마치고 1969년 박정희 대통령이 삼선개헌을 할 때 귀국했습니다. 그 당시 이 교회를 설립하신 김재준 목사님을 위시하여 많은 목사님들이 삼선개헌을 반대하며 거리와 교회에서 반대운동을 하시던, 그 한가운데, 한국에 돌아왔습니다. 그리고 박 대통령이 삼선에 승리하면서 독재를 견고하게 굳혀 가고 있는 것을 목격했습니다. 이른바 경제 성장과 반공을 내세운 개발 군사 독재시대의 1970년대를 대학에서 살게 되었습니다.

1972년 7월 4일, 미국의 독립기념일이라고 해서 미국 대사관저 축하 파티에 초청되었는데, 독립기념일 이야기는 없고 7·4 남북 공동성명 이야기가 그날 저녁의 화제였습니다.

남과 북, 남쪽에서는 이후락 정보부장, 북에서는 김일성 주석 자신이 서명한 문서는 앞으로 우리나라는 통일을 해야 한다는 의지를 밝힌 것입니다. 그런데 그 방법은 전쟁이 아닌 평화적인 방법이고 외세를 물리치고 자주적으로 한다는 것이었고 이념과 제도를 초월한 통일 국가를 만들어 나가자는 것이었습니다.

하지만 이러한 역사적인 7·4 공동 성명을 발표한 남한의 박정희 대통령은 같은 해 10월 계엄령을 발포하고 소위 유신헌법을 만들어 유신대통령으로 추대되었습니다. 우리는 혼란에 빠질 수밖에 없습니다. 그렇게 멋진 통일 정책을 북한 정부와 합의하면서 유신독재를 시작한다는 것은 모순이고 자가 당착으로 보였습니다.

평화 통일과 민주주의

대학생들과 기독교 민주 인사들은 유신정권에 대항하여 민주주의를 요구하고 평화 통일을 주장했습니다. 유신정권도 민주주의를 갈망하는 우리나라 국민들의 힘으로 물러났고 유신정권을 계속하려는 신군부 세력도 1987년 6월의 민주항쟁으로 물러나게 되었습니다. 민주주의와 함께 통일의 열망은 뜨겁게 타오르게 되었습니다. 민주주의 운동의 승리와 때를 같이하여, 소련의 공산당 정권은 몰락했고, 동독은 서독에 의해서 평화적으로 흡수 통일을 이루었습니다.

1988년 한국교회협의회는 "민족의 통일과 평화에 대한 한국교회 선언문"을 발표했습니다. 민주화를 쟁취한 한국 기독교는 평화와 통일을 향한 힘찬 발걸음을 내디뎠습니다. 이 선언문은 한국 교회의 선교적 사명이 한반도의 평화와 통일이라고 선언하고, 7·4 공동 성명의 3대 통일 원칙을 수용하고, 이에 더하여 인도주의 원칙과 통일 논의에 민주주의적인 국민의 참여가 반영되어야 한다는 원칙을 제시했습니다.

이 선언문은 구체적으로 남북 정부에 다음과 같은 건의를 하고 있습니다. 오늘도 논의되고 있는 한반도의 비핵화를 맨 앞에 내세웠습니다. 그리고 미군이 철수해야 하고 오늘의 휴전협정을 평화협정으로 바꾸어야 한다는 것이었습니다. 그리고 군대를 축소해야 한다고 주장했습니다.

최근 6자회담과 미국과 북한의 노력으로 북한에 평화 분위기가 조성되는 것을 조심스럽게 지켜보았습니다. 이명박 정부는 이런 분위기에 반대 방향으로 나가는 것 같아 염려됩니다. 2000년 6월 15일의 남북 정상회담의 합의와 2007년 10월 4일의 남북 정상의 평화와 공동번영을 향한 선언을 무시하고 대결로 가고 있는 것은 평화 통일을 염원하는 남과 북의 선량한 백성들을 배신하는 일이라고 생각합니다.

"다시 오겠습니다"

저는 3년 전 평양을 방문할 기회를 가졌습니다. 마침 주일을 평양에서 맞이할 수 있어서 평양의 봉수교회를 방문했습니다. 목사님의 권유로 교인들 앞에서 인사하는 특권을 가질 수 있었습니다. 한 300명가량 되는 교인들, 60대 70대로 보이는 고령화하는 교인들 앞에서, "저는 54년 만에 평양을 다시 찾아왔습니다. 대동강은 옛날과 다름없이 흐르고, 모란봉은 예나 다름없이 푸르고 아름다운데, 세상은 많이 변했습니다……." 하고 입을 뗐습니다. 교인들은 눈물을 닦기 시작했고 저는 터져 나오는 울음을 참노라고 애썼습니다.

제가 평양을 방문한 목적을 설명한 다음, 이렇게 저의 인사를 마무리했습니다. "…… 온 세계의 기독교인들이, 그리고 남조선의 그리스도의 형제자매들이 여러분을 위해서 기도합니다. 우리나라의 평화와 통일을 위해서 기도하고 있습니다. 우리는 반드시 통일할 것입니다. 그때 저는 다시 오겠습니다. 살아생전에 꼭 오겠습니다. 그날까지 건강하게 평안히 계십시오……." 온 교회가 눈물바다가 되었습니다.

구약성서를 보면, 해방자 모세, 이스라엘 백성들을 애굽으로부터 해방시킨 노령의 모세는 그렇게도 그리던 가나안 복지로 들어가지 못하고, 가나안 복지가 멀리 보이는 산언덕에서 가나안 복지를 바라보며 죽어 갑니다.

우리와 같은 한국의 늙은이들, 전쟁을 했고 동족과 형제자매를 죽인, 손에 피가 묻은 우리 세대는 통일된 한국을 멀리 그리며 사라질 것입니다. 가나안이 젊은 여호수아의 몫이었던 것처럼, 통일된 한국은 여러분들, 젊은 한국의 여호수아들의 몫입니다. 민주주의와 평화의 촛불을 들고 통일의 가나안 복지를 향해서 용감하게 행진해 나가야 합니다.

오늘 읽은 성경 말씀, 바울 선생님이 고민 끝에 하신 말씀, "나는 혈육을 같이 하는 동족을 위해서라면 나 자신이 저주를 받아 그리스도에게서 떨어져 나갈지라도 조금도 한이 없습니다."(롬 9:3) 이 철저한 민족주의, 미국을 하나님보다 더 높이 섬기는 우리 한국의 기독교인들이 회개하고 본받아야 할 소중한 말씀입니다. 민족의 화해와 평화와 통일을 망각하는 우리나라 기독교 지도자들과 위정자들이 반드시 기억해야 할 하나님의 말씀입니다. 기독교인은 민족의 번영과 평화와 화해를 먼저 생각해야 한다는 귀중한 말씀입니다.

오늘은 6 · 25와 7월 4일 사이에 있는 주일입니다. 전쟁이 시작된 날이며, 동시에 7월 4일 자주적이며 평화적인 통일을 위해 일하자는 합의를 한 날을 기억하는 날입니다.

옛날, 여호수아와 함께하신 하나님께서 오늘날, 바울 선생님의

민족의식을 마음에 새긴 한국의 젊은 여호수아들과 함께하시기를
간절히 기도합니다.

아멘.

무지개의 언약

2008년 6월 1일 새민족교회
창세기 9:8-17; 로마서 8:18-22

환경을 말하면서 생각나는 말씀들

오늘 이근복 목사님이 저를 설교자로 초청하시면서 새민족교회 이야기를 자랑스럽게 하시고, 이 주일은 "환경주일"이라고 말씀해 주셨습니다. 환경주일 하면 떠오르는 성경 말씀이 대개 두세 가지입니다. 그 하나는 창세기 1장 26절에 있는 말씀: "하나님이 말씀하시기를 '우리가 우리의 형상을 따라서 우리의 모양대로 사람을 만들자. 그리고 그가, 바다와 고기와 공중의 새와 땅 위에 사는 온갖 들짐승과 땅 위를 기어 다니는 모든 길짐승을 다스리게 하자' 하시고" 하나님이 당신의 형상대로 사람을 창조하셨다는 것입니다.

여기서 중요한 말씀은 첫째, 하나님이 직접 인간을 하나님의 형상대로 창조하셨다는 것이고, 둘째로는 하나님께서 창조하신 자연의 세계를 요사이 우리말로 한다면 생태계, 자연 환경 전체를 우리 인간들에게 맡기시고 '다스리게' 하신 것입니다. 우리 인간들은 하나님을 대신해서, 이 자연의 세계를 다스리라는 것입니다. 그런데 이 "다스리라"는 말씀이 문제가 되어 왔습니다. "다스리라"는 말을 옛날 성경에는 "지배하라" 영어로는 "rule over"라는 말을 썼습니다. 그런데 최근에 와서 환경문제와 생태신학이 논의되면서 "다스리라"는 말은 지배하고, 착취하고, 인간의 목적을 위해서 오용하거나 남용하라는 말이 아니라, 잘 "관리하라"는 뜻이고 그래서 영어로는 "management"라는 말로 이해해야 한다고 해석하고 있습니다.

중요한 것은 자연 세계에 대한 책임의식입니다. 하나님의 형상대로 지음받은 우리 인간들은 자연을 지혜롭게 관리하고, 자연의 일부분으로 지음받은 인간들은 우리 자신들의 생존을 위해서도 자연에 대한 책임의식을 가지고 살아가야 한다는 뜻으로 마음에 새겨야 한다는 것입니다.

두 번째로 생각나는 성경 말씀은 신약성서의 사도 바울 선생님이 로마에 사는 그리스도인들에게 쓴 편지에 있는 말씀입니다. 오늘 아침 봉독한 성경 말씀인데, "모든 피조물이 이제까지 함께 신음하며 함께 해산의 고통을 겪고 있다는 것을, 우리는 압니다."(롬 8:22) 이 말씀이 지적하는 것은 무엇보다도 우리 주위의 피조물들이 모두 신음하고 있다는 이야기입니다. 고통을 당하고 신음하고 아파하고 있다는 말입니다. 우리 인간들이 피조물들을 다스리고 관리해야 하는 책임을 다하지 못했다는 이야기입니다. 그래서 피조물만이 아니라 우리 인간들과 함께 고통을 당하고 있다는 이야기입니다. 다시 말하면, 우리 인간들이 피조물들을 잘 관리하지 못하면 결국 우리 인간들도 고통을 당하게 된다는 것입니다.

노아의 홍수 이야기

세 번째로 생각나는 성경 말씀은 오늘 아침 첫 번째로 봉독한 구약성서의 창세기에 나오는 노아의 홍수 이야기입니다. 우리가 너무도 잘 아는 이야기, 인간들의 죄가 너무 심해서 하나님이 인간을 창조하신 것이 후회스러워서 인간들을 싹쓸이 멸망시킬 요량으로 40일 동안 주야로 비를 내리게 해서 인간들은 물론 모든 생태계를 물속에 잠기게 했다는 이야기입니다. 다만, 600살 된 노아는 하나님이 선한 사람으로 인정하시고 산꼭대기에 방주를 만들게 해서 그의 자녀 손들과 살아 있는 것들의 쌍들을 방주에 넣어 살게 하셨다는 이야기입니다.

홍수 이전과 홍수 이후의 이야기는 오늘 우리가 깊이 되새겨야 할 말씀이라고 생각합니다. 왜 하나님이 인간 세상에 대해서 그토록 진노하셨을까? 이 물음에 대해서 성서는 이렇게 말합니다.

"주님께서는, 사람의 죄악이 세상에 가득차고, 마음에 생각하는 모든 계획하는 것이 언제나 악한 것뿐임을 보시고서, 땅위에 사람 지으셨음을 후회하시며 마음 아파하셨다. 주님께서는 탄식하셨다. '내가 창조한 것이지만, 사람을 이 땅 위에서 쓸어버리겠다. 사람뿐 아니라, 짐승과 땅위를 기어 다니는 것과 공중의 새까지 그렇게 하겠다. 그것들을 만든 것이 후회되는 구나." (창 6:5-7)

조금만 더 읽어 내려가면, 더 지독한 말씀이 나옵니다.

"하나님이 보시니, 세상이 썩었고 무법천지가 되어 있었다. 하나님이 땅을 보시니 썩어 있었다. 살과 피를 지니고 땅 위에서 사는 모든 사람들의 삶이 속속들이 썩어 있었다."(창 6:11-12)는 것입니다. 여기서 우리말로 무법천지라고 번역한 것은 영어로는 "full of violence"라고 번역되어 있습니다. 그러니까 "폭력이 난무하는 세상"이라는 뜻입니다. 폭력이 난무하는 무시무시한 세상, 끔찍한 범죄와 인간들을 대량 학살하고 생태계를 전멸시키는 전쟁이 횡횡하고 있다는 말입니다.

그래서 하나님은 노아에게 말씀하십니다.

"땅은 사람들 때문에 무법천지가 되었고, 그 끝 날이 이르렀으니, 내가 반드시 사람과 땅을 함께 멸하겠다."(창 6:13)

생태계와 인간의 죄악

저는 오늘 말세가 왔다는 말을 할 생각이 없습니다. 생태학자들이 제시하는 여러 가지 통계 숫자를 내세우며 다음과 같이 경고합니다. "이제 10년 후에는 그리고 20년 30년 후에는 우리가 사는 한반도의 생태계가 파괴되어서 인간들이 살 만한 곳이 되지 못한다. 북극의 빙하가 녹아 버려서 지구의 온도는 상승해서 우리 모두 뜨거워서 타 죽거나, 물이 많아져서 물에 빠져 죽거나 할 것이다. 지금 이대로 계속 경제 성장을 밀고 나가다 보면 지하자원이 고갈되어서 자동차는 물론 모든 공장이 문을 닫아야 하고,

인간들은 무엇을 먹을까 무엇을 입을까 걱정하기도 전에 모두 멸망하고 말 것이다. 농사도 끝장날 것이다. 인간은 죽는 날만 고대하게 될 것이다. 어느 날 갑자기 지구는 종말을 선고받게 될 것이다." 이런 이야기는 제가 안 해도 더 많은 지구학자들과 환경 운동가들과 생태학자들이 경고해 왔고 겁주고 있습니다.

그런데 저는 지구 종말론과 말세론의 원인, 가장 기본적인 원인을 생각해야 한다고 봅니다. 그 원인을 우리는 하나님의 말씀으로 믿는 성경에서 찾아보고 읽게 되는 것입니다.

그 가장 기본적인 원인은 우리 인간들의 죄, 죄악이라는 것입니다. 첫째, 우리 인간들의 마음에 생각하는 모든 계획이 언제나 악한 것뿐이라고 말씀하십니다. 우리가 마음속으로 계획하는 것이 무엇입니까? 영어 성경에는 좀 더 명확하게 "인간의 가슴 속에서 생각하는 경향성(every inclination of the thoughts of his heart)"이라고 하면서 인간의 본능, 인간의 욕심을 말하고 있습니다.

결국 오늘 우리의 죄는 부자 되고 싶은 욕심이라는 것입니다. 경제 살려 주겠다고 하는 소리에 돈 벌 욕심으로 경제 대통령을 찍었습니다. 지난 대선 때 "빨갱이 좌파보다는 능력 있는 도둑놈이 낫다"고 하면서 그 의혹 많은 BBK도 눈감아 주고 윤리나 도덕성 같은 것은 정치에 필요 없는 것이라고 대놓고 말하면서 정권 교체를 하게 했습니다. 돈 욕심 때문에 광우병 위험을 무릅쓰고 미국산 늙은 쇠고기를 질 좋고 값싼 거라고 정부가 나서서 광고하고 있습니다. 국민을 속여 가면서 국민이 광우병에 걸릴 위험은 아랑곳 하지 않습니다. 나아가서 부동산 값을 올리고 건설업체들 돈 벌게 해준다는 돈 욕심을 내세워서 우리나라의 아름다운 물줄기를 파헤쳐서 대운하를 건설한다고 합니다. 국민들의 여론이 따가우니까 이젠 비밀리에 진행을 하고 있다고 합니다. 우리의 죄는 기업 친화이고 "고소영"이고 "강부자"입니다. 이제 우리의 죗값을 치러야 합니다. 물가는 오르고 기름 값 오르고 화물 자동차들이 수지가 맞지 않아서 모두 길가에 서 있게 되고, 바다에 물고기 잡으러 나갈 기름이 떨어지는 날이 올 것입니다. 중동으로 아프리카로 기름과 곡식을 얻으려고 일본과 중국과 한국, 미국과 영국과 유럽의 사람들이 몰려들기 시작하면 자원 전쟁이 나게 마련입니다. 전쟁을 하려면 기름이 필요하고 군인들 먹일 곡식이 필요한데, 이제 전쟁할 기름도 떨어지고 군인들 먹일 곡식도 떨어지게 생겼습니다. 우리나라뿐만 아니라 온 세계가 멸망의 날을 앞에 두고 전전긍긍하고 있습니다.

그래서 불교에서는 인간의 고통은 인간의 욕심에서 오고 돈에 대한 집착에서 온다고 설파했습니다. 인간이 인간답게 살아남는 길은 그 욕심을 억누르는 정도가 아니라 아예 없애 버리라고 했습니다. 이것이 불교의 4성제 중 고제와 집제 다음 나오는 멸제입니다.

우리 예수님의 가르침 역시 인간의 욕심을 버리라는 것입니다. 팔복 동산에서 예수님은 가난한 사람, 마음이 가난한 사람들을 축복하셨습니다. 예수님이 선교하시기 전 광야에서 마귀의 시험을 받으실 때, 마귀의 첫 번째 시험은 경제적 시험이었습니다. 배고픈 사람들이 많은데 들과 산에 널려 있는 돌들을 떡으로 만들어서 먹이고 돈도 벌라고 하시는 마귀의 시험에 단호하게 거절했습니다. 기독교 2000년의 역사를 보면, 중세시대 천주교는 금욕을 가르치고 수도원에서 가난을 맹세하고 명상하는 생활을 이상적인 생활로 가르쳐 왔습니다. 우리 개신교는 16세기 종교개혁자들이 수도원에서 하는 금욕 생활을 이 세상, 이 세속 세상에서 하라고 가르쳤습니다. 19세기 독일의 유명한 사회학자 막스 베버는 자본주의의 정신적 기본은 청교도 윤리라고 설파했습니다. 스위스의 종교개혁자 존 칼빈은 수도원에서의 금욕 생활을 세속에서 실천하여 열심히 일하고 근검절약하는 생활, 돈에 욕심을 내지 않고 나 혼자만 잘살겠다고 욕심을 내지 않으며 이웃과 나누는, 청교도의 깨끗한 생활을 하는 것이 하나님의 축복을 받는 것이라고 가르쳤습니다. 이것이 오늘날 자본주의의 정신적 기본입니다. 이런 청교도적 삶으로 돈을 벌게 되면 깨끗한 돈, 청부, 깨끗한 부자라고 할 수 있을 것입니다. 오늘날처럼 수단과 방법을 가리지 않고 이웃을 해치고 세금을 포탈하면서 번 돈은 졸부들의 더러운 부라고 저주해야 합니다. 이렇게 버는 돈은 자기 자신의 영혼을 파멸시키고, 이웃을 착취하고 비인간화시키고, 결국 자연을 파괴하고 자기뿐 아니라 모든 사람들을 죽게 만드는 생태학적 위기를 가져오는, 말세를 가져오는 결과를 낳게 되는 것입니다.

자본주의, 타락한 천민자본주의의 죄를 우리는 짓고 있고, 오늘의 교회가 그것을 부추기고 있습니다. 한마디로 자본주의는 종교적 죄악입니다.

오늘 아침 읽은 성경 말씀에 노아 홍수의 원인으로 인간 탐욕의 죄를 지적했지만, 두 번째 원인은 '무법천지'라고 했습니다. 영어 성경에는 폭력이라는 말을 썼습니다. 우리 세상에는 폭력이 횡행하고 있습니다. 부부 싸움을 할 때 남편이 아내와 아이들에게 주먹을 휘두르는 것을 보통이라고 생각하는 사람들이 대부분입니다. 학교에서 폭력이 아니면 질서가 유지되지 않는다고 합니다. 이제는 초등학교 학생이 여자 담임선생님을 때리고 차고 하는 폭력을 쓴다고 합니다. 초등학생들 사이의 성폭력 소식은 저희들을 놀라게 하고 분노하게 했습니다. 경찰이 선량한 국민들을 향해 행사하는 폭력은 정권을 유지하기 위한 수단으로 쓰이고 있습니다. 그러면서 정치는 폭력이라고 공공연히 말하고 있습니다.

그러나 폭력 가운데 가장 무서운 폭력은 전쟁입니다. 인류 역사상 전쟁이 없었던 날은 겨우 한두 주일밖에 안 된다는 무서운 통계가 있습니다. 카인이 동생 아벨을 죽인 이후 우리 인간들은 서로 죽고 죽이는 역사를 되풀이해 왔습니다. 폭력의 죄, 전쟁의 죄를 짓고 있는 인간들을 내려다보시고 하나님은 인간을 만드신 것을 후회하고 계십니다. 저렇게 스스로 망하는 전쟁을 하고 있으니 차라리 쓸어 버려야겠다고 생각하신 것입니다.

회개하는 길

우리의 죄가 무엇인지 알았으면, 구원의 길은 회개하는 길밖에 없습니다. 회개라고 하는 것은 말로만 하고 머리 한두 번 숙이는 것이 전부가 아닙니다. 생각을 돌리고, 마음을 바꾸고, 죄의 길로부터 돌아서는 것입니다. 그리고 행동과 삶 전체를 바꾸고 새로운 패러다임으로 사는 것입니다. 구체적으로 자본주의 패러다임을 죄악으로 인정했다면 그 길에서 떠나야 합니다. 자본주의 아니면 대안이 없다는 생각은 자본주의에 대한 미신이고, 자본주의를 우상화하는 것입니다. 그래서 대운하 사업은 생각도 말아야 합니다. 대기업 친화 정책은 가난한 사람들 친화 정책으로 바꾸어야 합니다. 부자 나라 미국의 늙은 소들, 죽기 전에 잡은 소들을 사들여 장사하고 부자되려는 생각을 종교적인 죄악이며 인간을 죽이는 살인적 행위라고 인식하고, 눈물을 흘리며 회개하고 쇠고기 장사를 즉각 중단해야 합니다. 대운하는 노아의 홍수보다 더 무서운 생태학적 재앙을 가져올 것이라는 경고들을 무시해서는 결코 안 됩니다. "인간의 욕심은 죄를 낳고, 죄가 자라면 사망을 낳는다"는 하나님의 말씀에 귀를 기울이고 회개하고 행동양식을 바꾸어야 합니다.

무지개의 언약

노아의 홍수는 40일 동안 계속되었습니다. 노아의 방주에서 노아와 노아의 가족들은 무엇을 하였을까 상상해 봅니다. 제 생각에는 배 위에서 깨어 있는 동안 왜 홍수의 재앙을 받았는가, 홍수의 원인이 무엇인지 분석하는 일을 하지 않았겠나 생각합니다. 그리고 모여 앉아서 기도하면서 절실한 회개의 기도를 올렸을 것이라고 상상합니다. 그래서 홍수가 끝난 다음 육지로 올라와서 노아는 제일 먼저 하나님에게 제사를 드렸습니다. 살아남게 해주었다는 감사의 예배였을 것입니다. 그리고 회개하는 예배였을 것입니다.

하나님은 감동하셔서 다시는 물난리로 인간들을 벌하지 않겠다고 약속하십니다. 그리고 그 징표로 구름 사이에 무지개를 두시겠다고 약속하십니다. 무지개로 상징되는 약속은 평화의 약속이었습니다. 물난리로 세상을 망하게 하지 않겠다는 데에는 조건이 있었습니다. 그것은 인간이 폭력으로 인간의 피를 흘리게 해서는 안 된다는 조건입니다. 전쟁을 해서는 안 된다는 것입니다. 무지개는 전쟁 없는 평화의 상징이며 조건이며 하나님과 인간들 사이의 약속입니다.

한마디로 요약하면 이제는 다시 홍수로 인간 세상을 멸망시키지 않겠다는 약속을 할 터이니, 다시는 전쟁으로 피 흘리는 일을 하지 말라는 하나님의 평화 선언입니다. 우리가 사는 길은 우리 욕심을 물리치고 자본주의적이고 물신주의 우상 숭배의 죄를 회개하고 이웃의 피를 흘리는 폭력의 죄를 회개하며 깨끗하고 정갈하게 살고 평화롭게 살려고 노력하는 것입니다. 우리의 욕심 때문에, 전쟁 때문에 무지개를 다시는 보지 못하게 될지도 모릅니다. 무지개를 못 보게 되는 날은 우리 지구 최후의 날이 될지도 모릅니다.

오늘도 우리는 이 소란하고 황사로 뿌옇게 흐린 도시의 하늘에서 하나님이 주신 무지개를 찾게 됩니다. 하나님, 저희에게 무지개를 되찾아 보게 하시옵소서.

아멘.

출애굽과 광야 40년

뉴욕 한인교회
신명기 31:1-8

우울한 8·15 광복절

오늘은 미국이 태평양 전쟁에서 일본에게 승리한 날 1945년 8월 15일, 바로 이날 우리 한국 사람들은 모두 일본 제국주의에서 해방된 것을 기념하는 주일로 예배를 드리고 있습니다. 오늘 우리는 한국이 해방된 날을 기념하면서 또한 지난 52년 동안의 우리 자신을 냉철하게 돌이켜 보게 됩니다. 1945년 해방이 되면서 남과 북으로 두 동강이 난 채 왜 싸우는지 영문도 모르고 형제 자매를 적으로 무서운 전쟁을 치러야 했습니다. 제2차 세계 대전 이후에 갈라진 나라들 가운데 아직 통일 못 한 마지막 분단국가로 남아 있습니다. 이북의 아이들이 배가 고파 죽어 가고 있는데, 남쪽 어른들은 너무 잘 먹어서 배가 부르다 못 해 대통령을 했다는 사람들과 그 가족들이 천문학적인 숫자의 돈을 챙기고 나라 망신을 시키고 있으면서도 이북의 아이들은 굶어 죽어 가는 것에는 아랑곳 않고, 이북이 망하기만을 기다리고 있는 형편입니다.

해방 52년……. 그동안 우리는 무엇을 했습니까. 우리는 정말 해방되었나요? 해방되던 날, 그날의 감격과 기쁨이 가신 지 이미 오래되었습니다.

8월 15일 엊그제 무궁화가 흐드러지게 피어 있는 저의 신학교 앞에서 한국 학생들과 우연히 만나게 되어, 8 · 15에 만났으니 무궁화 꽃밭에서 애국가나 부르자고 했더니 모두 농담으로 알고 웃고 말았습니다. 쓰디 쓴 웃음이었습니다. 8 · 15 날 저녁 링컨센터로 한국에서 온 "명성황후"를 관람하러 갔었습니다. 임순만 목사님과 장혜원 선생님을 만나 "오늘 이 기쁜 광복절에 만나 뵙고 함께 구경도 하게 되어 참 좋습니다" 했더니, "서 목사네 만나는 건 좋은데, 광복절, 8 · 15 즐겁지도 기쁘지도 않습니다." 우리는 모두 우울해졌습니다.

해방 52년과 출애굽 40년

오늘 우리는 우울하고 무거운 마음으로 해방 52년을 맞이합니다. 그러면서 우리의 사정을 옛날 이스라엘 백성의 해방의 역사와 견주어 생각하게 됩니다.

성경을 보면 구약성서의 출애굽기와 신명기에, 이집트에 노예되었던 이스라엘 백성이 모세의 영도로 해방되는 역사가 기록되어 있습니다. 이스라엘 백성들이 이집트로부터 탈출하는 과정에 대해서 우리는 너무도 잘 알고 있습니다. 모세가 태어나서 자라나는 이야기, 모세가 가시덤불 불 속에서 하나님의 음성을 듣는 이야기, 모세가 바로와 만나 해방을 요구하는 과정, 바로가 열 가지 재앙을 당하고야 해방시키기로 마음먹은 이야기, 유월절(Passover) 이야기, 그리고 홍해를 건너는 이스라엘 백성들을 전멸시키려고 쫓아가던 이집트 군대가 갈라진 홍해 바닷물에 몽땅 빠져 죽는 엑소더스의 이야기, 탈출과 해방의 신나는 이야기들을 우리는 너무도 잘 알고 있습니다.

그런데…… 해방이 되어서 이집트로부터 탈출해 나온 그 다음의 이야기에 대해서, 우리는 분명하게 아는 것이 별로 없습니다. 막연하게, 40년 동안 광야를 헤매고 고생도 무지 많이 했다는 정도 알고 있을까. 우리 역시 해방된 그날의 감격이 사라진 지 오래지만, 우리는 해방 이후의 역사를 생각하면 착잡하기만 합니다. 해방 후 52년을 생각하면서 이스라엘 백성들은 출애굽 이후 40년 동안 무얼 하며 어떻게 지냈을까 비교하게 됩니다.

광야 40년의 역사

이스라엘 백성들의 광야 40년의 역사를 몇 가지로 정리해 보았습니다.

광야 40년의 역사에서 가장 두드러진 내용은 부끄러운 이야기입니다. 그것은 노예 되었던 지난날을 돌이켜 보고 그리워하는 이야기입니다. 민족의 지도자 모세의 가슴을 제일 아프게 한 것이 바로 이것이었습니다. 종노릇은 했지만 하루 세끼 밥 먹던 일제 강점기가 좋았다는 것과 같은 이야기입니다. 올해 들어 한국에서는 대통령 선거에 출마하는 사람들 가운데 박정희 유신시대를 찬양하고 박정희 대통령을 닮았다고 하면서 머리 스타일까지 비슷하게 하고 박정희 대통령 같은 정치를 하겠으니 밀어달라고 호소하는 후보가 있다는 소식을 들었습니다. 이스라엘 백성들이 노예근성을 버리지 못하고 해방을 선물로 생각하지 않고 오히려 부담으로 생각했던 것처럼, 우리 역시 노예근성을 버리지 못하는 것이 아닌가 반성하게 됩니다.

최근 학계에서는 식민지 이후의 시대 혹은 탈식민지 시대 연구 혹은 포스트-콜리니얼 연구Post-colonial Study가 활발하다고 합니다. 이 연구는 제국주의의 근성과 그 정치·경제·문화적 영향과 병폐를 분석하면서 식민지 시대 이후의 문제들을 제기하는 연구입니다.

가까운 콜럼비아 대학의 저명한 문화 비평가 에드워드 세이드 Edward Said 교수는 최근 그의 *Culture and Imperialism*(문화와 제국주의)란 책에서 아주 날카롭게 제국주의자들의 심성과 문화를 분석하면서 식민지 노예생활을 한 제3세계 사람들의 태도와 문화를 예리하게 지적하고 있습니다. 그의 분석의 핵심은 제국주의자들이 서구 백인들은 인종적으로 우월하기 때문에 세계를 정복하고 지배하게 운명 지어져 있다고 믿고 있다는 것입니다. 그리고 식민 지배를 받아 온 유색인종들은 서구 백인 문명의 지배를 받게 되어 있다고 스스로 믿고 있다는 것입니다.

노예근성과 식민지 지배

그런가 하면, 식민지 시대에 제국주의 지배 세력에 매달려 벼슬하던 이른바 매국 엘리트들, 민족 반역자들이 제국주의 지배를 강화하는 데 앞잡이가 되었다고 합니다. 그리고 제국주의가 식민지로부터 떠나고, 독립 국가를 건설한다고 하면서도 그 앞잡이들이 계속 나라를 다스리는 지배 엘리트로, 민족의 지도자로 행세했다는 것입니다. 제국주의 시대의 관료들, 제국주의 시대에 공부한 지식인들과 기술자들이 탈식민지 시대에도 계속 제국주의적 정신을 가지고 제국주의적 경찰과 군대 제도, 금융 제도와 교통 통신 시설과 시장경제 시스템을 계속 유지하고 있습니다. 우리가 실제로 경험했듯이 한국의 경찰은 일제 경찰이 하던 그대로 학생들을 고문하고 정치범을 죽게 하고, 한국의 군대는 야만적인 일본 군대에서 배운 그대로 졸병들을 학대하고 기합을 주고 있습니다.

광야 40년의 금송아지 숭배

이스라엘 민족이 경험한 출애굽기 해방의 역사를 읽어 내려가면서 두 번째로 눈에 띄는 것은 우상 숭배입니다. 모세가 시내산에 올라가 하나님의 계명을 받고 있는 동안, 산 아래에서는 사람들이 자기들이 이집트에서 감추어 가지고 나온 금붙이들을 모아 녹여서 웅장한 금송아지를 만들고 거기에 절하고 예배하는 사건입니다. 그 금송아지는 이집트 사람들이 좋아하는 우상이고 최고의 가치였습니다.

그것은 제국주의의 우상이며 최고의 가치입니다. 금송아지는 서구사회가 아시아와 아프리카 여러 나라의 금광을 찾아서 타 민족을 추방하고 땅을 차지하고 식민지를 만들어 온 제국주의의 심벌입니다.

해방 52년의 역사를 가진 한국은 지금 금송아지를 만들어 놓고 그 앞에 절하고 있는 것이 아닌가 반성하게 됩니다. 글로벌리제이션Globalization, 우리말로는 '세계화'라고 번역하는 제국주의 팽창 과정 속에 우리는 정신을 차리지 못하고 금송아지 앞에서 파티를 열고 샴페인을 터뜨리고 술에 취해 벌거벗고 춤추고 있는 것이 아닌가 스스로의 모습을 돌아보게 됩니다. 그리고 "세계화에 앞장서고, 무한 경쟁에서 일등 해야 한다"고 외치면서 우리 스스로가 그 앞잡이가 되어 제3세계 민족들을 착취하는 '어글리 코리안ugly Korean'으로 둔갑하고 있는 것이 아닌가 돌이켜 보게 되는 것입니다.

과거 청산

이스라엘 백성들이 이집트 노예 생활에서 벗어나 탈출해 나온 것으로 해방이 끝난 건 아니었습니다. 그것은 해방의 역사적 과정의 시작이었습니다. 해방은 어떤 상태가 아니라 하나의 과정, liberation은 하나의 목표가 아니라, 기나 긴 여정이고 프로세스process라고 한 세이드 교수의 말은 맞습니다. 출애굽, 엑소더스는 애굽에서 도망 나온 것으로 끝나는 것이 아니었습니다. 참된 해방을 위해서는 40년의 기나긴 세월이 필요했고 광야의 방황이 필요했던 것입니다.

해방의 여정, 해방의 역사에는 반드시 노예 되었던 과거의 역사를 청산하는 과정이 있어야 합니다. 단도직입적으로 말해서, 우리는 일제 강점기의 역사적 과오를 청산하지 못했습니다. 아직도 민족 반역자들과 그 자손들이 행세하고 있습니다. 일본 정부는 아직도 한국을 식민지로 정복하고 한국 민족에게 지은 그 수많은 죄를 시인하거나 고백하거나 사죄하지 않고 오히려 정당화하고 있습니다. 정신대로 잡혀갔다가 갖은 수모를 당하고 간신히 살아남은 몇 안 되는 할머니들에게 정중한 사과를 하기는커녕 몇 푼 안 되는 위로금이나 주고 이 할머니들이 죽기만 고대하고 있습니다.

우리는 우리의 해방의 여정에서 박정희 유신시대와 전두환·노태우 군사독재 시대를 청산하지 못하고 있습니다. 제1차 세계 대전 이후에 독일을 경제적으로 부흥시킨 사람이 바로 나치 히틀러가 아니냐고 떠들어 대고 찬양하는 신나치주의자들이 우리나라에도 있다는 것은 무서운 일입니다. 그리고 오로지 무력 하나만으로 정권을 장악하고 절대 권력 위에 절대적으로 부패한 정권의 지도자들을 가진 우리의 역사를 우리는 아직도 청산하기를 주저하고 있습니다. 요사이 한국에서는 8·15를 기해서 전직 두 대통령 죄수들을 사면하라는 소리가 높다고 하는 소식은 바로 우리의 해방 여정이 아직도 멀다는 걸 말해 주고 있습니다.

해방 여정과 분단의 극복

이스라엘 민족의 해방 40년의 여정에는 분단의 아픔이 없었습니다. 그러나 우리 민족에게는 분단의 역사와 해방의 역

사가 함께 주어져 있습니다. 우리는 분단을 극복하는 과정을 해방
의 과정으로 받아들여야 합니다. 분단을 극복하기 이전에는 우리
는 참으로 해방되었다고 할 수 없습니다. 우리는 분단의 노예입니
다. 분단 논리와 분단 이데올로기의 노예들입니다. 이북을 우리의
적이고 정복의 대상이고 멸공의 대상이며, 흡수 통일의 대상으로
여기는 노예근성에서 벗어나야 합니다. 이북 사람들을 우리보다
못살고 가난하고 미개하고 야만적이고 정치도 외교도 영어도 제
대로 못 하고 영양실조에 걸린, 어리석은 사람들…… 우리 동족이
라고 하기엔 창피한 족속이라고 생각하게 된 이 노예근성에서 벗
어나야 한다는 것입니다. 이젠 통일하기가 지겹고 싫다고 하는 한
국 중년 유한부인들의 말이 미국 신문에 보도될 정도가 되었습니
다. 우리나라가 평화적으로 통일하기 전에는 우리에게 해방도 없
고 광복도 없다는 것을 잊어서는 안 된다고 생각합니다.

모세와 이스라엘의 해방

일제로부터의 해방, 과거 역사로부터의 해방 없이는
참된 해방이 없습니다. 그리고 우리는 분단 상황과 분단 논리와 분
단 이데올로기로부터 해방되어야 합니다. 그러나 무엇보다 우리
자신으로부터 해방되어야 합니다.

모세가 시내산에 올라가서 하나님과 대화를 나눈 것은 바로 노
예된 민족의 내면적 해방을 고민한 것이라고 생각합니다. 모세는
하나님과 대화 끝에 하나님의 계명을 받습니다. 새로운 나라를 만
들어 나가야 하는 이스라엘 민족의 헌법의 기초, 정신적 기초가 되

는 십계명을 받아가지고 산을 내려옵니다. 새로운 삶의 스타일, 새로운 법률 제도, 새로운 생활 습관, 새로운 정치 구조, 새로운 문화를 하나님의 계명으로 받아서 내려옵니다.

그리고 오늘 읽은 성경 말씀에 있는 대로 출애굽의 제2세대, 노예시대를 모르고 자라난 탈식민지 시대의 젊은이, 광야 40년의 방황과 개혁과 과거 청산의 과정을 거친 내일의 인물, 여호수아를 새로운 지도자로 내세우고 축복하면서 가나안 복지에 들어갈 준비를 하게 합니다.

산으로 올라가야

우리도 모세와 함께 산으로 올라가야 합니다. 우리 자신이 해방되기 위해서 산으로 올라가야 하겠습니다. 해방된 민족이 되기 위하여, 자유로운 인간이 되기 위하여, 제국주의 노예근성을 청산하기 위하여 하나님과 보다 가까이 대화를 나누어야 하겠습니다. 그리고 새로운 계명을 받아야 하겠습니다. 우리가 섬기는 우상 금송아지를 쳐부수고, 하나님을 경배하고 우리 이웃을 우리 자신처럼 사랑하라는 하나님의 말씀이 우리 해방의 과정에 무슨 뜻이 있는지 다시금 생각해야 하겠습니다.

그리고 우리의 과거를 청산하는 일이 해방의 길목에 남아 있습니다. 그것은 분단의 세대, 전쟁의 세대, 노예들의 세대, 낡은 세대가 물러가는 것입니다. 그리고 새 시대를 열고 해방의 역사를 만들어 나갈 젊은이들을 새로운 지도자로 내세우는 일입니다. 우리에게는 수많은 여호수아가 필요합니다. 여기에 우리의 해방의 희망이 있는 것입니다.

 한국의 해방절을 맞이하면서 함께 기도하는 마음으로 이스라엘
의 해방의 역사를 생각해 보았습니다.

2
젊은이들과 함께:
대학 강단에 서서

가슴으로 병 고치는 은사

2008년 9월 17일 연세대학교 의료관계 학생 채플
누가복음 4:17-19

저는 아주 가난한 목사 집안에서 성장했습니다. 제대로 먹지도 못하면서 많은 식구들 뒷바라지하느라고 고생도 많았지만, 제 어머니는 영양실조로 옛날 흔했던 폐병에 걸려 일찍 돌아가셨습니다. 제가 중학교 1학년 때였습니다. 병약한 어머니를 모시고 살면서, 저는 어려서부터 의사가 되기를 꿈꿨습니다. 의사가 되기 위해서는 머리도 좋고 돈도 있어야 의과대학에 들어갈 수 있다는 것은 알지도 못할 때부터였습니다. 결국 이 두 가지—머리도 돈도 모두 다 없어서 의사가 되지 못했지만, 의사가 되어서 가난한 사람들 병을 모두 고쳐 주어야겠다는 포부를 품고 자라났습니다. 그래서 여러분들이 부럽고 자랑스럽습니다.

오늘은 제 일생 동안에 만난, 잊지 못할 몇 분의 의사선생님들 이야기를 하고 싶습니다. 가슴으로 병을 고치는, 특별한 은사를 받은 의사선생님들 이야기입니다.

평양에서

1950년, 그러니까 58년 전, 6·25전쟁 때 이야기입니다. 저는 북한 인민군에 끌려가지 않으려고 땅굴을 파고 숨어 있다가, 잠깐 외출한 동안 사복 경찰에게 끌려갔었습니다. 목사 아버지가 반공 목사라고 비밀경찰에게 끌려간 바로 며칠 후의 일이었습니다. 다른 친구들과 함께 군대로 끌려가 징병 심사를 받게 되었습니다. 키를 재고 몸무게를 재고 시력 검사를 하고, 그 다음이 내과 검진이고, 최종 결정을 내리는 차례였습니다. 흰 가운을 단정하게 입은 50대 정도의 의사선생님이 작은 방에 혼자 앉아 있었습니다. 날 찬찬히 쳐다보고 청진기를 가슴에 대면서 속삭이는 것이었습니다. "자넨 군대 가면 안 되겠어. 자넨 기관지염 때문에 불합격이야. 이 불합격증을 가지고 어서 집으로 돌아가. 그리고 좋은 일 많이 하는 사람 돼야 해, 알겠나?"

저는 땅굴 속에 숨어 있으면서 제대로 먹지도 못하고 숨도 제대로 쉬지 못하면서 몇 달을 숨어 살았기 때문에 기침은 좀 했지만 기관지염을 앓는다고는 생각하지 못했습니다. 그 북한 인민군 군의관 의사선생님이 저를 살려 주신 것입니다. 저는 군대 신체검사장에서 재빨리 뛰쳐나와서 집으로 돌아왔습니다.

저의 목사 아버지는 인민군에게 총살당하고, 아버지의 시체를 평양, 대동강이 내려다보이는 남쪽 언덕에 묻고, 남쪽으로 피난 내려와 대한민국 해군에 입대했습니다.

그때 그 군의관이 왜 나를 살려 주었는지 알 길이 없습니다. 그러나 그 의사선생님이 하신 말, 좋은 일 많이 하는 사람 돼야 한다는 말은 저의 팔십 평생 무거운 짐이 되어 왔습니다.

미국에서

해군에 복무하며 미국 해군의 훈련을 받기 위해서 유학을 갈 수 있었습니다. 교육 훈련을 받고 있을 때 친해진 미국 해군 친구가 하루는 식사를 하면서 진지한 이야기를 하자는 것이었습니다. 이 미국 해군 졸병 친구가 하는 말, "너는 해군에서 썩을 놈이 아니야. 너는 아무리 봐도 학자 타입인데, 해군에서 썩을 생각하는 거 아니겠지? 내 고향 동네에 아주 작지만 좋은 기독교 대학이 있는데, 우리 동네 와서 공부하도록 주선할게 꼭 오도록 해" 하는 것이었습니다. 전 정말 그 촌스럽고 가난한 집안에서 대학도 못 가고 겨우 해군 졸병이 된 친구가 나를 미국 유학을 시켜 줄지 몰랐습니다.

적당히 고맙다는 이야기를 하고 귀국했지만 귀국한 지 3년 뒤, 그 친구의 알선으로 그 친구 고향 동네의 기독교 대학에 입학하게 되었습니다. 그것이 1956년 일입니다. 그 친구 고향집을 찾았지만, 그 친구는 우리 동해 바다에서 작전 중 전사했다는 것이었습니다.

그 친구의 알선으로 저에게 장학금을 지급하고 재정보증을 서 주게 된 분은 그 동네의 의사선생님이었습니다. 순교자의 아들, 대한민국 해군 졸병의 이야기를 담은 미국 해군 졸병의 편지 한 장으로 미국에 유학시키기로 결정한 것입니다. 저의 재정보증인 의사선생님은 이비인후과 전문의였고, 그 동네 장로교회의 장로님이었습니다.

저는 그 의사선생님 내외분과 가족과 친지들의 사랑을 한 없이 받았습니다. 오늘 제가 여러분, 장래의 의사·간호사 선생님들 앞에서 설교를 할 수 있게 된 것, 제가 받은 교육의 모든 것은 미국에서 처음 만난 의사선생님의 사랑의 덕분이라고 말하고 싶습니다. 이분은 제가 외교관이 되든지 정치가가 되기를 그렇게도 원했는데, 그 소원을 풀어드리지 못한 것이 못내 미안하기만 합니다. 왜 의사는 되지 말라고 하시냐고 여쭌 적이 있었습니다. 그분의 말이 의사가 되려면 건강해야 하고 부지런해야 하고 밤낮을 가리지 않고 환자가 있는 곳으로 뛰어나가야 하고 죽음을 대해야 하는, 그 고된 일을 네가 하는 것, 원하지 않는다는 것이었습니다.

저는 다시 한 번 낙제의 쓴 잔을 마셨습니다. 군대 갈 자격도 없고, 이젠 의사될 자격도 없다는 것이었습니다. 결국 이렇게 신학자가 되었고 목사가 되었습니다.

아프리카에서

저는 YMCA 관계로 지난 20여 년 동안 세계 각국을 방문할 수 있는 기회가 있었습니다. 1990년대 초, 에티오피아를 방문할 수 있었습니다. 아디스아바바, 아름다운 이름의 도시에는 굶주림과 질병과 가난이 넘쳐 나고 있었습니다. 거리를 다니다 길바닥에 맥없이 쓰러지는 사람들, 뼈다귀가 비틀거리며 걸어 다니는 것 같은 환자들이 거리에 우글거리는 도시―그 도시에서 일요일마다 제가 나간 에티오피아의 외국인 교회에서 한국에서 온 젊은 의사 내외를 만났습니다. 에티오피아 교회 친구들이 이 한국 의사를 저에게 소개하면서 "한국에서 온 천사의사(An angel doctor from Korea)"라는 것이었습니다. 그 의사선생님은 에티오피아 오지에서 10년 만에 처음 한국 목사를 만났다면서 집에 초대해 주고 아프리카 오지에서 구하기 힘든 재료로 맛있는 두부찌개와 김치로 대접을 잘 해주기도 했습니다.

의사는 모자라고 환자는 넘쳐 나는 검은 땅, 외로운 곳에서, 그 젊은 의사선생님은 전 생애를 에티오피아 사람들을 위해서 바치고 있었습니다. 그의 이야기를 들으면서 밥을 제대로 먹을 수가 없었습니다. 가슴으로 병을 고치고 있는, 눈물 많은 그 젊은 의사선생의 이야기를 들으면서 다시 한 번 나는 왜 나의 초지, 의사가 되어야겠다는 어렸을 때의 꿈을 버렸는가 후회도 해보았습니다.

마음과 영혼과 육체

고대 그리스 철학자 플라톤이나 아리스토텔레스를 위시하여 우리나라 16세기의 율곡이나 퇴계 같은 철학자들에 이르기까지 몸과 마음, 육체와 영혼의 문제는 인간을 이해하는 길잡이가 되어 왔습니다. 마음이라는 것, 영혼이라는 것은 육체와 연결되어 있는 것이냐 아니면 서로 따로 떨어진 독자적인 것, 하늘에서 뚝 떨어진 것이냐. 영혼이 있는 것이냐, 마음이라는 것이 뇌신경의 작용에 불과한 것이냐, 아니면 하나님에게서 따로 받은 것이냐……. 철학자들은 현대 과학과 의학을 동원하면서 이 문제를 풀어 보려고 노력하고 있습니다.

그런데 현실적으로 인생을 사는 데 있어서나 전문 직업에 종사하는 사람들에게 있어서, 머리와 가슴과 배—이 셋을 인간의 세 가지 요소라고 철학자들은 말하고 있지만, 머리 한쪽만 가지고 일하고 살고 있는 것 같습니다. 특히 사람을 교육하는 데 있어서, 우리는 머리 있는 사람, 머리 잘 쓰는 사람, 머리로 일하는 사람을 키우려고 합니다. 기술자들에게는 주로 몸으로, 손으로 일하도록 가르칩니다. 손재주가 좋고 머리가 좋은 사람들이 의사가 되는 데 가장 적당하다고 합니다. 정치가는 머리만 좋으면 된다, 머리만 잘 굴리면 된다고 합니다. 법과 대학을 나오고 고시에 합격해서 판검사가 되는 데 필요한 것은 오직 머리라고 합니다. 그리하여 우리 사회의 엘리트들은 머리들이 모두 우수하고 뛰어납니다. 그런데 가슴도 없고 영혼도 없는, 눈물도 인정도 없는 차디찬 엘리트와 지도자들만 있는 것 아니냐는 소리가 높습니다.

오늘날 미국 대학의 총장과 학장들이 모여서 하는 이야기를 들어 보면, "Education of the Heart"를 이야기하는 교육자들이 많이 늘어나고 있습니다. 머리만 강조하는 교육이 비인간적인 인간들, 머리 좋고 손재주 좋은 기술자들, 전문가들은 양산했지만, 마음이 있고 가슴이 있는, 감수성이 있는 인간, 인간 고통을 보고 연민의 감정으로 아파하는 사람들과 함께 눈물 흘릴 줄 아는, 그런 인간들이 보이지 않는다는 것입니다. 결국 가슴으로 병 고치는 의사들, 가슴으로 목회하는 목사들, 가슴으로 정치하는 정치인들, 가슴으로 법을 집행하는 판검사들을 점점 찾아보기 힘들다는 것입니다. 우리 전문가들, 소위 프로페셔널들이 하버드 대학을 세울 때 목적이, 세 가지 전문직, 즉 목사와 변호사와 의사, 3사를 양성하는 것이었습니다. 이 전문직 종사자들은 4년제 대학을 우수한 성적으로 졸업한 머리 좋은 인재들만이 아니라 가슴이 있는, 인간적인 인간으로 양성해야 한다는 것이었습니다. 머리와 가슴, 몸과 마음, 영혼과 육체가 균형 잡힌 전문 직업인을 양성해야 한다는 것이었습니다. 직업인이 되기 전에, 의사와 간호사와 목사와 판검사가 되기 전에, 먼저 인간이 되어야 한다는 것이었습니다.

종교적인 직업인

기독교 성서를 읽으면 예수님을 비롯해서 종교 지도자들이 주로 한 일은 병을 고치는 일이었습니다. 개인의 병, 육체의 병뿐만이 아니라, 사회와 나라의 병, 영혼의 병까지도 치유한 것이었습니다. 기독교뿐만이 아니라 우리 민속 종교인 무교를 비롯하여 불교와 이슬람교 등 세계 모든 종교는 인간의 병과 사회의 병폐를 고치는 일을 해왔습니다. 물론 종교 그 자체가 개인의 병과 사회적 병폐의 원인이 되어 오기도 했지만 말입니다.

저를 전쟁에서 구해 준 북한의 의사선생님, 저를 교육시켜 준 미국의 의사선생님, 남을 섬기고 남의 나라 백성들의 병을 고치며 인생을 이웃을 위해 바치는 한국의 젊은 의사선생님……. 모두 가슴으로 병 고치는 은혜를 받은 분들입니다. 이분들의 공통점은 자신의 이익이나 자신의 명예와 돈만을 위해서 일하고 살아온 것이 아니라, 이웃을 생각하고 이웃을 위해서 일하는 것이었습니다. 내 자신의 한계를 넘어서, 내 자신의 경계를 넘어서, going beyond yourself, 나 자신을 넘어서 이웃을 생각하고 우주를 생각하고 우주 너머의 신비를 흠모하는, 그런 삶은 축복받은 삶입니다. 이러한 삶이야말로 기독교를 포함한 모든 종교가 말하는 축복이고 종교적인 삶이라고 생각합니다.

여러분도 이러한, 가슴으로 병 고치는 은혜를 받아 사랑으로 일하고 사랑으로 살아가는 귀하고 아름다운, 자랑스러운 연세 의료인들이 되시기를 간절히 기도하겠습니다.

아멘.

그 빛 속의 작은 생명

2008년 5월 27일 이화여대 신학대학원
요한복음 13:31-35

이화 개교와 창립을 기념하는 축제 주간입니다. 여러 가지 행사와 축제 분위기에서 들뜬 마음으로 지나는 시기입니다. 마음을 가다듬고 이화를 시작한 분들의 생각과 비전을 공유하는 시간을 갖고 싶습니다.

스크랜턴 여사

1885년 부활절 새벽에 스크랜턴Mary F. Scranton 여사는 의사인 아늘과 갓 결혼한 며느리와 함께 배로 인천항에 도착했습니다. 미국의 감리교 여자 선교회 친구들과 오랜 동안 기도하는 가운데 한국 선교사로 지원했던 것입니다. 한국에 함께 나올 생각으로 의사 공부를 마친 외아들을 서둘러 결혼시키고 함께, 아는 사람이 별로 없는 나라, 조선이라는 나라에 온 것입니다.

정동, 지금의 이화여고 자리에 집을 사서, 거기에다가 학교를 시작하고 아들은 자그마한 병원을 시작하기로 했습니다. (그 정동 집을 그대로 이화 뒷동산에 지어 놓았습니다. 한번 찾아보시기 바랍니다.) 안방을 학교로 쓰기로 하고 건넌방은 의무실로 내어 놓았고 조선의 왕실을 찾아가서 민비로부터 직접 '이화학당'이라는 학교 이름까지 하사받았습니다. 그 집 자리가 아주 넓은 배 밭이었기 때문이라고 들었습니다.

그러나 학생들은 찾아오지를 않았습니다. 여자 아이는 서당에도 안 보내는 세상에서 키 크고 새파란 눈에, 노랑머리 50대 서양 여자가 가르친다는 학교에 여자 아이들을 선뜻 보낼 리가 없었습니다. 이화대학의 역사를 보면 처음으로 자기 발로 찾아온 학생은 어떤 정부 고관의 첩인데, 날이 어두워진 다음 조용히 스크랜턴 여사를 찾아왔다고 합니다. 영어를 배워서 민비의 통역을 하겠다는 것이었다고 합니다. 그 학생의 이름을 기억하는 사람도 역사 자료도 없지만, 이 사람이 찾아온 날을 창립기념일로 지킨다고 합니다.

이 학생은 얼마 안 가서 등교를 중단했습니다. 그동안 서울과 조선 각지에 콜레라가 발생하여 많은 사람이 죽어 갔습니다. 서울 장안의 아이들이 전염병에 죽으면 거적때기에 싸서 남대문 밖에 내다 버렸다고 합니다. 스크랜턴 여사와 의사 아들은 소달구지를 끌고 남대문 밖으로 나가 아이들의 시체들을 하나하나 살펴서 아직 숨이 붙어 있는 아이들을 달구지에 싣고 정동 집에 데려와 치료를 했습니다. 아이들의 어머니는 이 서양 사람들이 왜 자기 아이들을 달구지에 싣고 가는지 알 길이 없어서 줄줄이 따라왔습니다. 그리고 집에 가지 않고 담장에 붙어서 선교사 집 안을 지켜보았습니다.

요새처럼 괴담이 돌았습니다. 파란 눈 '서양 귀신' 괴담이었습니다. "서양 사람들은 고기 먹는 것을 좋아한다더라. 남대문에 나가서 소달구지로 아이들을 실어다 잡아먹는다더라." 이런 소문이 떠돌았습니다.

스크랜턴 여사와 아들 며느리는 데려온 아이들을 잘 씻기고 약과 먹을 것을 주고 따뜻한 방에서 자게 했습니다. 모두 다 병이 나았고 살아나서 노래를 부를 지경이 되었습니다. 몇 주일 동안 집에도 안 가고 밤을 새면서 아이들 울음소리만 나면 뛰어 들어갈 준비를 하고 있던 아이들의 아빠 엄마들은 담장 안에서 들려오는 아이들의 웃음소리와 노래 소리에 반갑고 기뻐서 담장 안으로 뛰어 들어갔습니다.

이것이 오늘 우리 세계 제일의 여자 대학의 시작이었습니다. 병들고 가난하고 전염병으로 죽어 가는 아이들을 돌보고 가르치기 시작한 것이 122년 뒤 오늘의 이화여자대학교가 된 것입니다. (본관 동쪽 하얀 석상으로 서 있는 스크랜턴 여사를 다시 한번 방문해 주시고 꽃 한 송이라도 드리면서 기억해 주시기 바랍니다.)

김활란 박사, 최초의 한국 총장

1939년 이화학당의 최초 총장으로 취임하신 분이 김활란 박사십니다. 온 세계에서 한국 여성으로 'Helen Kim' 하면 알 사람은 다 알게 된 이화의 자랑입니다. 김활란 박사님은 마흔 살 되는 해에 이화학당의 교장으로 임명되셨습니다. 일본 제국주의가 만주를 삼키고 중국에 상륙해서 침략을 개시한 것이 1937년,

한국 사람들에게 일본 이름을 강요하고 학교에서는 한국말을 가르치지도 못하게 하고 일본 말만 강요하던 아주 암울한 시기였습니다. 일제하 그 어려운 시기에 줄곧 이화를 지키시면서 해방을 맞이했습니다. 그리고 해방이 되자마자 대학으로 승격시키고 한국 최초의 여자 종합대학으로 문을 열게 만들었습니다. 소위 친일파라고 구설에 올라 있는 한국의 여성 지도자입니다.

저는 개인적으로 1963년 미국 뉴욕에 있는 유니언 신학대학원에서 신학공부를 하고 있는 동안 김활란 박사를 처음 만났습니다. 박정희 장군이 쿠데타를 일으켜서 정권을 장악한 뒤, 곧 한국의 60세 이상의 대학 총장들을 모두 은퇴라고 명령했습니다. 그래서 당시 마흔 살밖에 안 된 김옥길 선생님을 총장으로 임명하고, 곧바로 제가 다니던 신학대학원에 한 학기 동안 휴식도 취하시고 강의도 들으시면서 이화 발전을 계획하는 시간을 가지기로 하고 오신 것이었습니다. 유니언 신학대학원의 총장님과 예부터 친분이 있어서 초청이 가능했던 것입니다.

미국 유학 당시 만난 저의 약혼자는 미국으로 유학 오기 전에 김 박사님의 비서로 일하고 있었습니다. 그런 관계로 제가 공부하고 있던 뉴욕 유니언 신학대학원의 조직신학 강의실에서 선생님을 처음 뵈올 수 있었습니다. 그때 저의 약혼자는 학교와의 약속을 지켜야 한다고 이화여대로 와 있었습니다. 학교와의 약속 때문에 사랑하는 사람을 한국으로 돌려보내고 혼자서 신학대학원에 진학했다는 이유 하나만으로, 한 학기 동안 김활란 박사님의 많은 사랑을 받았습니다. 덕분에 저는 김 박사님의 초청으로 1964년부터 이화에 몸담게 되었고, 저의 청춘을 이화에 바쳐 가르치고 일하다가, 1996년에 정년퇴임할 수 있었습니다.

제가 신학생일 때 일입니다. 선생님이 저에게 영어로 된 원고 뭉치를 주시면서 읽어 보라는 것이었습니다. 선생님의 60평생을 되돌아보는 자서전이었습니다. 저는 밤을 새면서 선생님의 이야기와 이화의 역사를 읽었습니다. 감동적인 글이었습니다. 그래서 선생님을 위해서, 이화를 위해서 일할 수 있는 기회를 갖기 원했습니다.

그 책이 영어로 *Grace Sufficient*이고, 우리말로 다시 쓰신 선생님의 자서전, 《그 빛 속의 작은 생명》입니다. 여기에 선생님 학생 때의 이야기가 실려 있습니다.

열세 살의 어린 학생은 종교적 회의를 품기 시작한 것입니다. 목사님들이 종교 집회를 할 때마다, 우리는 모두 죄인이다, 죄를 고백하고 회개해야만 구원을 받을 수 있다고 떠드는데 도저히 이해가 되지 않더라는 것입니다. 그때는 1907년 한국 교회 성령부흥이 있은 지 얼마 안 된 때였습니다. 선생님은 이렇게 쓰고 있습니다. "〔목사들〕은 무엇 이길래 우리 모두를 죄인 취급하는 걸까? 내게는 고백할 만한 죄가 없다! 그토록 비굴하고 슬프게 빌어야만 할 죄가 없다." 그리고 간절히 기도하면서 하나님과 대결하기로 했습니다. "만일 정말 하나님이 계시다면 나의 죄가 무엇인지 깨닫게 해주십시오." 이것이 소녀 김활란의 기도 제목이었습니다.

깜깜한 기도실에 쭈그리고 앉아 밤을 새며 기도하던 소녀는 놀라운 경험을 하게 됩니다. 이 경험을 선생님은 이렇게 쓰고 있습니다.

"어느 날 한밤중이었다. 땀에 흠뻑 젖은 이마를 드는 순간, 나는 희미한 광선을 의식했다. 십자가에 못 박히신 예수의 얼굴이 보였다. 그 예수의 모습에서 원광이 번져 내 가슴으로 흘러드는 것 같았다. 사방은 어두웠다. 사면은 무겁게 침묵하고 있었다.

그런데 갑자기 아득히 먼 곳에서 아우성을 치는 소리가 들려왔다. 그 처절한 부르짖음은 아득히 먼 것 같았고 바로 귀밑에서 들리는 것 같기도 했다. 울부짖고 호소해 오는 처절한 울음소리. 그 소리를 헤치고 문득 자애로운 목소리가 들려왔다.

'저 소리 들리느냐?' '네 들립니다.'

'저것은 한국 여성의 아우성이다. 어째서 네가 저 소리를 듣고도 가만히 앉아 있을 수 있느냐? 건져야 한다. 그것만이 너의 일이다.'

그 목소리는 분명했다……."(그 빛 속의 작은 생명, 1963, 58쪽)

김활란 선생님은 평생 이 목소리를 따라, 이 목소리와 약속한 대로 일하며 살아오셨습니다. 선생님은 자서전을 마무리하는 1963년에 이렇게 쓰십니다.

"현재의 시점에서 우리가 바라는 최대의 것은 통일이요, 민주 국가를 이룩하는 문제일 것이다. 이제는 혁명의 문제를 두고 좀 더 신중히들 생각할 때가 왔다고 본다."(같은 책, 436쪽)

박정희 장군의 군사혁명 앞에서 혁명을 비판하고 민주주의와 통일을 말씀하신 것입니다.

"나는 개화기에 이 나라에 태어나서 내게 주어진 많은 것을 얻으며 많은 사람의 친절과 사랑과 하나님의 은혜 속에 축복받았던 한 작은 생명이었다."(같은 책, 438쪽)

자서전의 마지막 문장입니다. 1970년 정월, 제가 기독교학과 과장으로 임명되어 부임한 그해 겨울 선생님은 운명하시면서 "나의 장례식은 화려하게 찬양과 기쁨으로 보내 달라"는 말씀을 남기셨습니다.

이화 공동체

이화대학은 학문 공동체인 동시에 신앙 공동체입니다. 그리고 여성이 주체가 되어 여성을 위하여 스스로 해방되는 해방 공동체입니다. 또한 이화의 역사와 이화의 역사를 만들어 온 많은 선배들의 역사를 공유하는 역사적 공동체입니다.

여러분은 이 역사를 공유하는 이화 공동체의 일원입니다. 그것은 구체적으로 미국 선교사 스크랜턴 여사의 신앙과 실천, 김활란 선생님의 역사적인 사명에 동참하는 일입니다.

우리 이화의 역사를 되새기면서, 자랑스러운 이화의 선배들에게 감사하는 마음과 함께, 우리의 열린 미래를 설계해야 합니다. 미래를 만드는 사람들이 역사를 만들고 역사의 주인공이 될 수 있습니다. 우리를 옥죄는 과거로부터 해방되어 자유로운 인간, 하나님의 형상대로 창조받은 인간으로서 이웃을 위하여, 세상을 위하여 우리의 삶과 일을 설계해야 합니다.

무엇보다도 스크랜턴 여사와 김활란 선생님처럼 이웃을 감동시키는 사람들이 되고 싶습니다. 이웃을 내 몸과 같이 사랑하고 정성을 다하여 하나님을 섬기라고 하신 예수님의 명령에 복종하며 살아가는 여러분 되시기를 기원합니다.

아멘.

신학한다는 것

2009년 3월 17일 이화여대 신대원 설교
누가복음 4:17-19; 베드로후서 1:5-11

신학하고 목사되기를 거부하던 소년 시절

저는 아주 가난한 장로교 전도사 집안에서 성장했습니다. 제가 태어난 1930년대는 일제하였고, 한국은 나라 전체가 가난했습니다. 게다가 교회 자체는 더욱 가난했기 때문에 작은 시골 교회의 전도사 집안은 자연히 가난할 수밖에 없었습니다. 하루 두 끼 먹을 수 있으면 다행이었고 흰 밥에 고깃국을 먹는 것은 일 년에 한두 번 정도였습니다. 그런데 형제들은 많고, 어머니는 교회와 전도사 돌보시느라 영양실조에 걸려서 일찍 폐병으로 돌아가셨습니다. 그래서 어려서부터 목사는 절대 안 되겠다, 의사가 되어서 돈도 잘 벌고, 어머니처럼 병든 사람들 고쳐 주는 사람이 되겠다고 다짐하면서 열심히 공부했습니다.

6 · 25 한국전쟁이 터지면서 평양에서 폭격을 맞아 죽은 많은 죽음을 보았고 전쟁의 잔인함을 몸으로 경험하였습니다. 반공주의

자 목사 아버지는 인민군에게 끌려가 대동강 가에서 총살을 당했습니다. 순교자가 된 아버지를 평양에 장례지내고 남쪽으로 피난하여 대한민국 해군에 입대했습니다. 전쟁을 겪으면서 전쟁이 무엇인지, 왜 전쟁을 해야 하는지, 왜 한국 사람들이 이 전쟁의 고통을 겪어야 하는지, 교회에서 부흥회를 할 때마다 나가서 하나님과 씨름하는 기도를 드렸습니다.

그리고 미국에 유학할 수 있는 기회가 주어졌습니다. 이때에는 의과대학에 가서 의학 공부를 하고 싶다는 생각이 없어졌습니다. 전쟁에 시달린 젊은이로서 전쟁에 대한 질문, 죽음에 대한 질문만 가지고 삶과 죽음에 대한 회의를 안고, 철학 공부를 해야겠다는 생각으로 태평양을 건넜습니다.

대학원에서 철학으로 석사학위를 받을 때 정도면 저의 인생에 대한 질문에 해답을 얻었을 만한데, 철학으로는 부족했습니다. 그래서 신학대학원에 가기로 하고 뉴욕의 이름 있는 유니언 신학대학원에 입학하였습니다.

신학 입문은 성서로 부터:
성서 읽기와 신학화하기

신학대학원에 들어가자 첫 학기부터 시작한 게 성서와 씨름하는 것이었습니다. 우선 성서에 익숙해져야 한다는 생각이었습니다. 그 당시 자유주의 신학은 성서를 무시한다고 들었는데, 그렇지 않았습니다. 성서를 읽지 않고, 성서에 대해서 무식하면 우선 신학을 할 수 없다는 것이었습니다. 보수주의 신학교 학생들보다도 성경을 잘 알고 성경을 암송할 정도가 되지 못하면 훌륭한 신학자가 될 수 없다는 것이었습니다. 매주 시험을 치렀는데, 성서 본문에 대한 시험이었습니다. 보수적이고 근본주의 목사의 아들로 주일학교를 열심이 다닌 덕분에 성서 시험에서 항상 좋은 점수를 받았습니다.

유니언 신학대학원에서는 놀랍게도, 3년제 M. Div. 과정을 마치고 졸업하려면 신약과 구약의 성서시험에 70점 이상을 받아야 했습니다. 미국 학생들 가운데 거의 20%가 졸업 전에 성서시험에 통과되지 못해 임시 졸업장을 받고 목회하다가 다시 돌아와 시험 보는 친구들이었습니다. 자유주의 신학을 한다는 학교에서 이토록 성서를 중요하게 여기는 것이 놀라웠고 경의를 표해 왔습니다.

성경 구절을 줄줄이 암송할 수 있을 정도로 성서를 익히 아는 신학생이야말로 성서의 말씀들을 이해하고 해석하고 설명할 자격이 생겨납니다. 성서를 모르면서 성서를 해석하고 성서의 역사를 말하고 성서의 모순을 지적하고 비평할 수 없습니다. 성서를 글자 그대로 믿어야 한다고 말하려면 왜 그래야 하는지 설명할 수 있어야 참되고 굳은 신앙을 가지고 신학을 할 수 있습니다. 성서 본문만 가지고는 신학을 할 수 없습니다. 성서의 말씀을 말씀 그대로 해석할 수 있는 학문적인 능력을 가지게 되는 것이 신학하는 것입니다. 그리고 성서의 말씀을 우리 생활 속에 끌어들여 우리 생활을 해석하고 변화시킬 수 있을 때 참으로 신학하는 경지에 들어가게 되는 것입니다.

신학을 하려는 학생들, 신학하는 학생들은 기독교의 성서에 대한 지식을 철저하게 길러야 합니다. 보수신앙도 좋고 자유신학도 좋고 근본주의 신앙을 가져도 좋지만, 우리 기독교 신학을 하는 사람들은 성서를 처음부터 끝까지 몇 번이고 읽고 익혀야 하고 익숙해야 합니다. 성서를 읽고 익히는 신학생이 되어야 합니다.

신문 읽기와 신학화한다는 것

칼 바르트라고 하는 스위스 출신의 21세기 신학계의 거장은 하나님의 말씀을 신학의 중심에 두었습니다. 바르트는 하나님의 말씀을 세 가지로 말했는데, 첫째는 성서의 말씀, 둘째는 인간의 몸으로 성육신하신 예수 그리스도, 그리고 셋째가 주일마다 교회의 강단에서 전해지는 설교의 말씀이라고 했습니다. 그런데 신학자와 목사에게 중요한 것은 한 손에 성서를 들고, 다른 손에는 신문을 들어야 한다는 것이었습니다. 성서를 들고만 있는 것이 아니라 성서를 읽고 신문을 읽으라는 것입니다. 저는 신학대학원 교실에서 이 말을 듣고 감동을 받았습니다. 그런데 왜 신문을 읽어야 하나 하는 의문이 들었습니다. 신문에서 읽는 이 세상에 일어나는 사건들을 이해하는 데 성서가 필요하고, 성서를 이해하는 데 신문이 필요하다는 것입니다. 신학을 한다는 것은 성서의 하나님 말씀을 이해하는 것인데, 성서만으로 하나님의 말씀이 되는 것이 아니라 오늘 우리의 생활과 우리 세상에 일어나는 일을 성서에 비추어 이해하고 해석할 때 하나님의 말씀으로 살아나는 것입니다.

세상에서 일어나는 일에 대해서 진정으로 고민하면서, 하나님의 뜻을 헤아리게 되는 것입니다. 세상에서 일어나는 일, 신문에 보도되는 일들을 이해하려면, 정치학에 대해서 공부해야 하고, 사회학에 대해서 공부해야 하고, 경제학에 대해서 법에 대해서, 세상의 공부를 체계적으로 해야 합니다. 세상을 이해하고 세상에서 일어나는 일에 대해서 확실한 이해를 할 수 있을 때, 성서의 말씀을 더욱 분명하게 알게 되는 것입니다. 성서의 말씀을 바탕으로 이 세상을 해석할 때, 신문에 보도되는 일들의 의미를 더욱 분명하게 알게 되는 것입니다.

사회적 영성과 개인적 영성

신학공부를 하는 신학생들은 이 세상에서 일어나는 일에 대해서 철저하게 공부해야 합니다. 그리고 세상에서 일어나는 일들, 신문에서 읽는 사건들에 대해서 신학적인 해석을 해야 합니다. 이러한 일들은 모두 머리를 쓰는 것들입니다. 지적 노력들입니다. 신학생들은 그래서 인문학·사회학·자연과학 등 거의 모든 분야에 걸쳐 해박한 지식을 가져야 하고, 게다가 철학과 신학을 해야 합니다. 그래서 서구 중세사회에서는 신학을 모든 학문의 여왕이라고 자타가 인정할 정도였습니다.

그러나 신학하는 사람들은 그것이 전부가 아닙니다. 특히 목회를 하는 사람들에게 요청되는 것은 영적 훈련입니다. 신학자들과 목회자들에게 요청되는 것은 예수님의 선교적 사명, 예수님의 사역을 위한 영성입니다.

오늘 읽은 누가복음 4장의 말씀은 예수님의 선교적 사명을 천명한 선언입니다.

성령을 받아 가난한 자들에게 복음을 전하고, 포로된 자들과 눌린 자들에게 자유를 주고, 눈먼 자들을 다시 보게 하고, 주의 은혜의 해를 선포한다는 것입니다.

이 선포는 혁명적인 사회 변화를 가져오겠다는 것입니다. 우리의 선교적 영성은 가난한 사람들을 향한 영성이고, 포로 되고 눌린 사람들을 해방시키는 해방의 영성입니다. 그리고 눈멀고 병든 사람들을 치유하는 영성입니다.

그렇게 하기 위하여 우리 한 사람 한 사람이 갖추어야 할 영성이 필요합니다. 베드로는 그 옛날, 그리스도인들이 갖추어야 할 영성을 자상하게 가르치고 있습니다.

그것은 신학자로서, 목회자로서의 영적 성숙을 말하고 있습니다. 먼저 우리 믿음에 덕을 쌓고, 덕에 지식을 더하고, 지식에 절제를, 절제에 인내를, 인내에 경건을, 경건 위에 형제자매 우애를 더하고, 그 모든 것 위에 사랑을 더하라고 가르치십니다.

믿음과 덕, 지식과 절제, 인내와 경건, 우애와 사랑―우리 신앙의 극치는 역시 사랑입니다. 사랑의 영성을 향하여 기도하고 마음을 가다듬고, 성서를 묵상하고 신앙생활을 하는 가운데서, 베드로 선생님이 우리에게 요구하시는 지도자로서의 영성을 키워 나갈 수 있다고 생각합니다.

하루에 한 번씩 조각 시간을 만들어 자신의 신앙을 돌이켜 보고 반성하면서 나는 덕이 있는 신앙인인가, 나는 나의 지식을 절제 있고 겸손하게 보여주고 있는가, 나는 경건한 삶을 살고 있는가, 나는 나의 신앙과 지식 때문에 교만해지고 있는 것이 아닌가, 나는 친구들과 가족을 아끼고 존경하고 사랑하고 있는가, 나는 나 자신을 사랑하고 나의 영혼을 아끼고 사랑하고 있는가, 그리고 나는 나의 이웃과 하나님을 사랑하고 있는가? 살펴보고 성찰하는 신앙생활을 하는 깊이 있는 신학생이 되시기를 간절히 기원합니다.

아멘.

우상 타파

1998년 8월 23일 이화여대 대학교회
출애굽기 20:1-7; 마태복음 6:25-34

퍽 오래간만에 뵙는 것 같습니다. 잠시 일시 귀국한 것을 아시고 손운산 목사님께서 이토록 대학교회 강단에 초청해 주시어서 여러분에게 인사드릴 수 있는 기회 주신 것 감사합니다.

우리 대학교회 여러분에게 감사하고 치하하고 싶은 것이 많이 있지만, 특히 우리의 오랫동안의 숙원인 예배당 건축 기공식을 지난 5월 가지고 이제 2000년대에는 새 예배당, 김활란 기념예배당에서 예배드릴 수 있는 꿈을 실현할 수 있게 된 것입니다. 멀리서 이 소식을 들으면서 감격했고 기뻐했습니다. 우리 모두 건강하게 오래 살아서 새 대학교회 예배당에서 예배드릴 수 있게 되기를 기도합니다.

IMF 경제난국

그동안 미국에 살면서 IMF라는 이름의 외환 위기와 경제난국 소식을 들으면서 걱정도 많이 했습니다. 북한의 아이들이 굶어 죽어 가고 있다는 이야기만큼이나 남한의 경제 위기 이야기는 심각한 소식으로 온 세계에 퍼지고 있습니다. 나날이 늘어나는 수십만 수백만의 실업자 이야기, 도산하는 중소기업 이야기, 대학을 졸업해도 취직할 길이 막연하다는 이야기, 미국 유학을 하던 우수한 학생들마저 학비 조달이 어려워 귀국해야 한다는 이야기……. 학업을 중단하고 귀국하는 학생들이 교회에 모여 기도회를 가지고 엉엉 울음보따리를 터뜨리고 통곡했다는 이야기들을 들으며 사태가 심각하다는 것을 느껴 왔습니다.

저희는 이른바 게릴라식 폭우가 남한 각처를 강타하면서 곳곳에 수해를 일으키고 있는 한복판에 귀국했습니다. 결국 가난하고 없는 사람들이 설상가상으로, IMF의 총체적 난국에 물난리까지 겪고 있는 것을 지켜보면서 가슴 아픈 것을 참을 수 없었습니다. 건국 50년을 기념하고 축하하는 자리에서 대통령이 경제난국을 극복하기 위한 '제2의 건국'을 호소하는 연설을 들으면서 더욱 그 긴박성을 느낄 수 있었습니다.

그런데 한두 주일 시내를 왕래하면서 느끼는 것은 약간의 혼란입니다. 피부로 느끼는 것은 정말 우리 국민들이 '난국'이라고 생각하고 있는가 하는 의심이 들기 시작했습니다. 지난 3월에 비하면 비행기 좌석을 구하기 어려울 정도로 관광객들로 붐비고 있었습니다. 6개월 전에 비하면 서울의 교통은 더 혼잡을 빚고 있었습

니다. 백화점마다 각종 세일로 인산인해를 이루었고 발들여 놓을
틈도 없이 붐비고 있었습니다.

대통령의 제2의 건국 호소는 별로 사람들을 감동시키는 것 같지
도 않고, 무엇을 호소하는지 감도 잡히지 않는 것 같습니다. 그리
하여 과연 우리는 난국에 처해 있는가 의심이 생기기 시작했고, 현
실 감각을 상실한 것이 아닌가 염려가 되기도 했습니다.

우리의 우상들

오늘 목사님이 읽어 주신 출애굽기의 말씀은 모세가
시내산에 올라가 받은 하나님의 계명입니다. 나 이외에 다른 신을
섬기지 말 것이고, 하늘에 있는 것이나 땅에 있는 것이나 땅 아래
물속에 있는 그 무엇으로도 우상을 만들어 그 앞에 절하지 말라는
계명의 말씀입니다. 우리는 이 계명의 말씀을 제1, 제2 계명이라
고도 합니다.

우상을 만들지 말고 그 앞에 절하지 말라는 이 계명은 유태교에
있어서나 기독교에 있어서 가장 중요한 계명입니다. 그런데도 우
리는 이 계명의 참 뜻을 오해하거나 없는 것처럼 무감각하게 살고
있는 것 같습니다. 오늘, 우리의 상황에서 이 제1, 제2 계명의 뜻을
되새겨 보고 싶습니다.

미국의 선교사들이 기독교를 전파할 때에는, 이 계명을 가장 중
요한 계명으로 가르쳤습니다. 그리고 기독교의 교리 가운데 가장
중요한 것으로 엄하게 지키도록 강요하기까지 했습니다. 선교사
들은 한국 사람들은 참 하나님이 아닌 우상을 섬긴다고 생각했습

니다. 기독교 이외의 종교는 모두 다 우상 종교라고 생각했기 때문입니다. 불교도 우상 종교이고 유교도 우상 종교이며, 무속은 더더욱 귀신을 섬기는 종교이기 때문에 한국의 대표적 우상 종교라고 규탄했습니다.

그래서 한국의 기독교는 우상 타파의 종교로 시작한 것이나 다름없습니다. 예수 믿고 교회에 나오려면 먼저 불교인이었으면 불상을 쳐부수고, 조상에게 제사를 지내던 사람들이면 제사상에 모시는 위패를 태워 버리고, 무당은 귀신 딱지들을 불에 태워 버려야 한다는 것이었습니다.

십계명의 제1, 제2 계명은 결국 우리나라 전통 종교를 배척하는 데 사용되었으며, 그런 의미에서 우리나라 기독교는 우상 타파, 우상 파괴, 우상 죽이기에 있어서 철저한 종교로 이름나 있습니다. 그리고 기독교 이외의 한국 전통 종교에 대해서 배타적이고 공격적인 기독교를 정통의 이름으로 믿게까지 되었던 것입니다.

정치적 우상

우상이라고 하는 것은 종교적인 것만이 아닙니다. 인간의 손으로 만든 귀신 딱지들, 인간의 상상으로 만들어 놓은 것들, 인간의 욕구를 투사prejection한 것들, 그리고 그것에 최고의 가치를 부여할 때, 그런 것들을 우상이라고 합니다.

건국 50년을 돌이켜 보면, 우리는 경제 발전이라는 종교를 믿고, 군사독재라는 우상을 섬겨 온 것이나 다름없습니다. 우리는 황금 송아지라는 우상을 섬겨 왔습니다. 경제 제일주의, 천민자본주의,

수단과 방법을 가리지 않고 돈만 벌면 된다는 황금 우상을 섬겨 왔습니다. 인간의 최고 가치를 그 사람이 소유하고 있는 물질과 금전으로 가늠하게 되었고, 돈은 인간보다 더 중요하고 하나님보다 더 귀중한 것이 되어 버렸습니다.

우상 가운데 가장 무서운 우상은 역시 정치적인 우상입니다. 정치권력을 인간 가치의 최고의 것이라고 할 때, 인간은 그 권력이라는 우상 앞에 무릎을 꿇게 마련입니다. 군사독제 시대에 독재자들은 스스로를 우상으로 만들고 국민들에게 그 앞에 절대 복종하고 절하라고 명령했습니다. 권력이 인간 위에 서서 행세하고, 인권을 유린하고, 정치권력이 국민들을 억압하고 탄압할 때, 권력은 스스로 우상이 되는 것입니다. 우리가 만들지 않은 우상도 우리를 억압하고 협박하고 착취하기도 합니다.

경제적인 위기에 처해 있는 오늘의 현실에서 십계명의 제1, 제2의 계명은 우리에게 무서운 말씀으로 다가오는 것을 느낍니다. 우리는 종교적인 우상만이 아니라 경제적인 우상, 무한 경쟁으로 돈만 벌면 된다는 황금 송아지 우상을 섬긴 죄를 고백하게 되는 것입니다. 그리고 그 황금제일주의라는 이데올로기를 유지하는 정치권력을 우리는 하나님 이상 가는 우상으로 섬긴 죄 역시 고백해야 하겠습니다.

하나님 나라와 그의 의

오늘 아침 저희에게 들려주시는 하나님의 말씀, 마태복음 6장의 말씀을 깊이 되새겨 봅니다. "너희는 무엇을 먹고 마시

며 살아갈까, 또 몸에는 무엇을 걸칠까 하고 걱정하지 말라." 예수
님께서 하신 말씀입니다. 먹고 마시고 옷 입고 아파트 마련하는 일
이 인생의 전부가 될 수 없다는 말씀입니다. 경제적 우상, 황금주
의, 맘몬을 섬기는 종교를 비판하고 계십니다.

　우상을 섬기는 사람들에게는 걱정이 많고 염려가 많고 스트레스
가 많은 법입니다. 왜냐하면 우상을 섬기면서도, 그것이 실상이
아니라 허상이고, 우상이고, 일시적인 것이라는 걸 잘 알기 때문
입니다. 내가 받은 뇌물, 언제 들통이 날지 모르니까 말입니다. 그
래서 항상 불안하기 마련입니다. 내가 산 주식이 내일에는 폭락할
지 모른다는 것을 잘 알고 있기 때문에 염려하지 않을 수 없는 것
입니다. 내가 총칼로 거머쥔 권력이 언제 누가 총칼로 뺏을지 모르
니까, 권력을 지키기 위해서는 군대를 키우고 정보부를 강화하고
경호원을 증원하면서도 암살당할까 봐 전전긍긍하게 되는 것입
니다.

　우상을 섬긴다는 것은 하나님에 대한 신뢰를 저버리는 것입니
다. 하나님에 대한 믿음이 약해질 때, 우상을 만드는 법입니다. 이
스라엘 백성들이 이집트에서로부터 해방되었을 때, 40년 동안 광
야에서 방황하며 하나님에 대한 신뢰를 저버리고 황금 송아지라
는 우상을 만들고 거기에 절하고 그 앞에서 먹고 마시고 춤추었던
것을 기억합니다.

기독교라는 우상

가만히 생각해 보면, 우리는 기독교를 우상으로 만들어 버린 것이 아닌가 반성하게 됩니다. 하나님을 신뢰하고 하나님을 믿는 것이 아니라 기독교를 우상으로 만들고 기독교를 믿게 된 것이 아닌가, 하나님보다 기독교를 더 중요시하게 된 것이 아닌가, 스스로 묻게 됩니다. 불교가 우상 숭배이고, 유교와 무속이 우상 숭배라고 말하듯이 기독교도 우상을 숭배하는 종교가 된 것이 아닌가 되묻는 것입니다.

기독교인들은 성서의 말씀보다는 성경책을 우상으로 모시는지도 모르겠습니다. 주기도문의 내용보다는 주문 외우듯이 중얼중얼 하는 것이 아닙니까? 기독교인들의 삶 그 자체보다는, 교회에 나와서 예배드리는 것을 더 중요시하는 것이 교회라는 우상을 섬기는 것입니다. 우리는 교회가 사회를 위해서 무엇을 하고 있는가 하는 것보다, 교회 헌금이 얼마나 많이 들어오고 교회당이 얼마나 크고 교인들이 몇 천 명 나오느냐를 따지는 것이 바로 교회 우상주의라는 것입니다.

한국의 기독교인들은 정치적인 우상과 경제적인 우상뿐 아니라 기독교라고 하는 우상을 섬긴 것이 아닌가 반성해야 합니다. 우리는 그 많은 우상들을 섬기면서 하나님을 배신했습니다. 하나님을 믿는다고 하면서 기독교의 탈을 쓴 서구 자본주의와 황금만능주의라고 하는 우상을 섬겨 왔던 것입니다. 기독교를 믿는다고 하면서 하나님에 대한 믿음을 포기했던 것입니다.

이제 우리는 우리의 우상들…… 건국 50년 동안 쌓아 놓은 우상들을 파괴하고 우상 종교들을 타파해야 하겠습니다. 그리고 참된 종교, 하나님을 믿고 섬기는 참된 종교로 돌아와야 하겠습니다. 하나님을 믿고 신뢰하는 경제, 하나님의 뜻을 따르는 정치, 하나님을 참으로 섬기는 종교를 되찾아야 한다고 생각합니다. 하나님을 무서워하는 경제, 하나님을 두려워하는 정치, 하나님 나라를 위해서 기도하고 일하는 종교를 되찾아야 하겠습니다.

아멘.

무지개를 바라보며
- 평화와 생명과 행복을 생각한다

2007년 4월 13일 YMCA연맹 개회설교
창세기 9:12-17; 마태복음 5:1-12

무지개

노아의 홍수 이야기는 오늘날 우리 지구의 생태학적
인 위기에 직면한 인간들에게 들려주는 이야기입니다. 우리에게
생태학적 종말을 경고하는 이야기로 들립니다. 그러면서도 또한
우리에게 한 가닥 희망의 이야기로 들리기도 합니다. 40일 동안 쏟
아진 지독한 비는 성경 말씀에 있는 대로, "온 하늘 아래 있는 모든
높은 산들이 물에 잠겼다……. 새와 집짐승과 들짐승과 땅에서 기
어 다니는 모든 것과 사람까지, 살과 피를 지니고 땅위에서 움직이
는 모든 것들이 다 죽었다. 마른 땅 위에 사는 모든 생물을 없애 버
리셨다……. 다만 노아와 방주에 들어간 사람들과 짐승들만이 살
아남았다. 물이 불어나서 백오십 일 동안이나 땅을 뒤덮었다."(창
7:19-24)

드디어 노아와 식솔들이 방주에서 나와 땅을 밟고 하나님 앞에

제사를 드립니다. 하나님은 제사상을 받으시고 그 향기를 맡으시면서 마음속으로 다짐하였습니다. "다시는 사람이 악하다고 하여서, 땅을 저주하지는 않겠다. 사람은 어릴 때부터 그 마음의 생각이 악하기 마련이다. 다시는 이번에 한 것 같이, 모든 생물을 없애지는 않겠다."(창 8:20) 그리고 이렇게 시를 한 수 읊으십니다.

땅에 있는 한,

뿌리는 때와 거두는 때,

추위와 더위,

여름과 겨울,

낮과 밤이 그치지 아니할 것이다.

(창세기 8:21-22)

그리고 하나님이 노아와 그의 아들들에게 복을 주시며 말씀하십니다. "생육하고 번성하여 땅에 충만하여라. 땅에 사는 모든 짐승과, 공중에 나는 모든 새와, 땅위를 기어 다니는 모든 것과, 바다에 사는 모든 물고기가 너희를 두려워하며, 너희를 무서워할 것이다. 내가 이것들을 다 너희 손에 맡긴다."(창 9:1-3)

이 말씀은 창세기 1장 26절에 있는 말씀을 되풀이하신 것입니다.

세상을 창조하신 후 "하나님이 말씀하시기를 '우리가 우리의 형상을 따라서, 우리의 모양대로 사람을 만들자, 그리고 그가 바다의 고기와 공중의 새와 땅위에 사는 온갖 들짐승과 땅위를 기어 다니는 모든 길짐승을 다스리게 하자' 하시고 인간을 만드셨다는 이야기와 상통합니다.

　이렇게 노아의 방주 이야기와 창조 이야기를 연결시키면, 노아의 홍수 이야기와 방주 이야기는 말하자면 '제2의 창조' 이야기라고 할 수 있을 것 같습니다. 그러나 한 가지 다른 것이 있다면, 노아의 홍수 이야기에는 무지개 이야기가 나옵니다. 하나님은 말씀하시기를 "내가 무지개를 구름 속에 둘 터이니, 이것이 나와 땅 사이에 세우는 언약의 표가 될 것이다. 내가 구름을 일으켜서 땅을 덮을 때마다, 무지개가 구름 사이에서 나타나면, 나는, 너희와 숨쉬는 모든 짐승 곧 살과 피가 있는 모든 것과 더불어 세운 그 언약을 기억하고, 다시는 홍수를 일으켜서 살과 피가 있는 모든 것을 물로 멸하지 않겠다."(창 9:13-15)

　오늘날 우리는 무지개를 바라보며 무엇을 생각하는가 물어보게 됩니다.

무지개와 평화

　　우리는 하나님의 무지개 언약에도 불구하고, 무지개의 징조로 세상에 살아 있는 모든 생명을 파괴하지 않고 죽이지 않겠다고 하신 하나님의 언약에도 불구하고, 그리고 창조의 그 첫 시간부터 모든 생명을 우리 인간에게 맡기시고 관리하라고 하신 명령에도 불구하고, 오늘날 하나님의 언약과 명령을 거역하고 있습니다. 우리는 생명을 지키기는커녕 생명을 파괴하는 반(反)생명의 세력, 하나님의 명령을 거역하는 악의 세력이 되어 가고 있습니다.

　구약성서에 나오는 인간의 역사는 카인이 동생 아벨을 죽이는 폭력으로 시작되었습니다. 구약의 역사는 하나님의 이름으로, 그리고 선민 이스라엘을 지킨다는 이유로 주변 국가들의 백성들을 살상하는 잔인한 전쟁으로 일관하고 있습니다. 생명을 존중하고 지키라고 하신 그 하나님의 이름으로 생명을 파괴하는 전쟁을 감행했다는 것입니다. 그 이후로 실로 지난 3,521년의 인류 역사상 3,235년을 전쟁으로 지새웠다는 통계가 있습니다. 인류 역사의 92%를 전쟁하는 데 시간을 보냈다는 것입니다. 유명한 역사학자 듀란트 교수의 통계입니다. 20세기 미래학자로 알려진 앨빈 토플러는 1917년 제1차 세계 대전 이후 냉전이 종식되는 1990년까지 전쟁이 없었던 기간은 단 3주에 불과했다고 합니다.

전쟁은 통계가 아니라 역사적 비극이고 한 맺힌 경험입니다. 남의 통계 들먹일 필요도 없습니다. 저 개인의 70대의 한평생을 돌이켜 보더라도, 태어나서부터 오늘에 이르기까지 전쟁이 멎은 적이 없었습니다. 1931년 일본이 만주를 점령했고, 제가 초등학교 들어갈 때, 일본 군대가 중국 본토를 유린하고 남경학살을 저질렀고, 1941년에는 태평양전쟁이 일어났습니다. 저는 만주에 살면서 미군 폭격을 수없이 당했습니다.

우리가 핵시대라고 하는 무서운 역사를 살게 된 것은 1945년 미공군이 일본의 히로시마와 나가사키에 원자 폭탄을 터뜨린 데서 시작된 것입니다. 원자 폭탄으로 해방된 한반도는 5년도 못 되어 한국전쟁을 경험하게 되었습니다. 온 나라 백성들이 피난민이 되었습니다. 형제들이 서로 죽이고 죽어 가는 동족상잔의 역사였습니다. 38선 남쪽에서는 빨갱이라고 마구 잡아 죽이고, 북쪽에서는 예수쟁이들 모두 미국 스파이라고 총살하고 물속에 집어넣어 학살했습니다. 평양에서 목회하시던 저의 아버지 역시 반공 미국 스파이의 누명을 쓰고 총살당했습니다. 1950년 10월, 차디찬 대동강 기슭에서 시체로 건져 낸 아버지를 평양의 시무하시던 교회 뒷산에 묻고 피난 내려온 것이 벌써 57년이 흘렀습니다.

살인자 카인의 피를 이어받은 우리, 한국전쟁에서 동족을 살해한 피가 아직 손에 묻어 있는 우리가 평화를 말한다는 것은 위선입니다. 우리는 폭력의 자손들이고 전쟁을 좋아하고 즐기는 잔인한 인간들입니다. 폭력과 전쟁은 저희 인간들의 원죄입니다. 그래서 평화를 이야기하고 평화를 만드는 사람들이 된다는 것은 대단한 일입니다. 절대적인 회개가 요구되는 것입니다. 그래서 평화를 이야기하고 평화를 만들겠다고 다짐하는 사람들에게 가장 중요한 것은 전쟁을 막고 전쟁을 피하고 전쟁과 싸워야 한다는 것입니다. 평화를 지키기 위해서 전쟁을 해야 한다는 모순을 접어야 한다는 말입니다. 전쟁으로 지키는 평화는 오래가지 못합니다. 전쟁은 잔인하고, 파괴적이고 반反생명적입니다. 전쟁은 한마디로 나쁜 것이고 아프고 쓰라린 것입니다. 거룩한 전쟁이다 방어전이다 하면서 변명해도, 전쟁은 전쟁일 뿐입니다.

그래도 우리가 감사해야 할 것은 그동안 불안한 휴전 상태에서 긴장한 대로 총 쏘고 폭탄 터뜨리는 전쟁은 하지 않고 나름대로 평화를 유지해 온 것입니다. 저는 결혼을 늦게 했고 공부하느라 첫 손자를 본 것은 65세가 넘어서였습니다. 병원에서 첫 손자를 보러 갔는데 우리 아들이 아기를 내 품에 안기면서 마이크를 들이대고 손자 본 소감을 한마디 하라는 것이었습니다. "아들아 너의 할아버지는 너를 안아보지도 못하시고 순교하셨는데, 이 할아버지는 이렇게 손자를 안아 볼 수 있다는 것, 감사하고 감격스럽다. 이게 모두 그동안 전쟁이 없었기 때문에 가능한 것이 아니겠니……" 하고 눈물을 흘렸습니다.

전쟁이 없는 평화, 생명이 있는 평화

많은 이들이 전쟁이 없는 평화는 참된 평화가 아니라고 합니다. 참된 평화가 아니더라도 저는 평화를 위해서 전쟁이 우선 없어야 한다고 믿습니다. 우리 민족의 역사를 보면 외세의 침략을 무수히 받았습니다. 그 많은 침략전쟁에서 우리 조상들은 피 흘리며 싸웠습니다. 많은 경우 외세를 물리쳤지만, 우리는 중국의 지배하에 그리고 일본 제국주의의 총칼 아래 수치스럽고 구차한 삶을 살아야 했습니다. 그래서 이러한 피압박 민족의 경험을 가진 우리는 전쟁 없는 평화를 약한 자의 비겁한 말로 듣게 됩니다. "우리의 주권을 수호하기 위해서는 전쟁을 해야 한다." 이 논리는 지난 수천 년 동안 전쟁과 살상의 이유가 되어 왔고, 오늘날에도 미국과 영국은 기독교의 이름으로 민주주의의 이름으로 전쟁을 벌이고 있습니다. 그런데도 평화를 말하고 주장하는 사람들은 철없는 이상주의자라는 비난을 받습니다. 간디의 비폭력 평화운동이나 미국의 마틴 루터 킹의 비폭력적이며 평화적인 민권운동은 폭력과 전쟁의 세계에서는 철없는 소리로 무시당해 왔습니다.

YMCA의 생명평화운동

우리 YMCA의 평화운동은 무엇보다도 반생명적인 전쟁을 막는 운동이어야 합니다. 그리고 우리의 운동은 비폭력적이고 전쟁 없이 지키는 평화운동이어야 합니다. 그래서 우리는 지난 수십 년 동안 평화통일운동에 앞장서 왔던 것입니다. 우리는 자전거 몇 천대를 끌고 평양에 다녀왔습니다. 자전거는 가장 평화적이고 생명친화적인 교통수단입니다. 북한의 교통수단을 위해서 자전거를 끌고 간 것만이 아니라 평화운동으로 한 일이라고 믿습니다. 자전거는 평화운동의 상징이 되었고 생명운동의 상징이 되었습니다. 핵무기를 만들고 있는 북한의 군사주의자들을 향해서 한반도의 평화 유지를 위해서 우리도 핵무기를 만들어야 하겠다는 호전적인 평화운동이 아닙니다. 핵무기로 평화를 위협하는 자들에게 우리는 자전거로 평화와 생명을 외치고 있습니다.

예수의 평화운동

구약성서의 하나님이 전쟁의 야훼 하나님이었다면, 신약성서의 하나님은 평화의 하나님이었다고 하겠습니다. 하나님의 아들 예수가 십자가의 폭력에 직면했을 때 구약성서의 하나님이었다면, 천군 천사를 보내어 로마 제국을 멸망시키고 십자가를 쳐부수고 예수를 십자가 위에서 살려 내리고, 예수로 하여금 이스라엘을 다스리게 했을 것입니다. 그런데 신약성서의 하나님은 그런 폭력 행사를 하지 않았습니다. 끝까지 침묵하셨습니다.

예수님이 십자가에 못 박혔을 때, 폭력적 해방운동자, 당시의 테

러리스트인 바라바는 유다 민중들이 석방을 요구해서 풀려났습니다. 그러나 예수님은 비폭력적 독립운동가로 오히려 십자가의 처형을 면하지 못했습니다. 오늘 우리처럼 비폭력적이며 생명 친화적인 평화운동을 외치는 사람들은 예수님과 함께 제국의 권력에 의해서 십자가에 처형될지도 모릅니다. 그런데도 불구하고 예수님은 산상수훈에서 말씀하시길, "평화를 위해서 일하는 사람들은 복이 있다, 그들이 하나님의 자녀라고 불릴 것이다"(마 5:9) 하셨습니다. 우리의 평화운동은 축복받은 운동입니다. 1919년 3·1독립운동에 앞장섰던 YMCA는 한국의 비폭력 평화운동을 이끌어 왔다고 자부합니다. 우리는 축복받은 평화운동단체입니다. 우리는 하나님의 자녀로서 책임을 다해 왔고 앞으로도 계속 하나님의 자녀의 책임을 다해야 할 것입니다.

할아버지가 해야 할 일

바로 며칠 전에 미국에 사는 신학교 동창 친구에게서 편지를 받았습니다. 월남전쟁 때 반전운동을 하다가 감옥에도 다녀오고, 최근에는 이라크 전쟁 반대운동을 벌이고 있는 나이 든 친구입니다. 은퇴생활을 하면서 손자 손녀들과 재미있게 지내는 이야기를 신나게 적은 끝에 이렇게 말합니다. "할아버지 노릇을 한다는 것은 손자 손녀들과 재미있게 노는 것만을 의미하는 것이 아니라 우리 손자 손녀들에게 물려줄 세계를 돌보는 것이다." 우리가 전개하는 생명평화운동은 우리 손자 손녀들에게 평화롭고 생명이 약동하는 아름다운 세상을 물려주기 위한 운동입니다. 바로 지난주 신문에 유엔이 발표한 지구 생태계의 위기 상황을 읽고는 경악을 금할 수 없었습니다. 30년 뒤에는 지구 온난화로 인하여 많은 생명체가 전멸한다는 이야기입니다. 그러니까 우리 집 손주 녀석이 마흔 살이 될 때에는 살아남기가 어렵다는 셈이 됩니다. 우리 손자 손녀들에게 평화롭고 생명에 넘치는 세상을 물려줄 수 있을까, 심각한 질문을 하게 되는 것입니다. 우리도 할아버지 노아처럼 방주를 준비해야겠습니다. 평화의 방주, 생태계 방주 말입니다.

노아가 하나님의 명령에 따라 방주를 산 위에 세우던 일을 상상하게 됩니다. 산꼭대기에 배를 짓는 노아를 보고 얼마나 많은 동네 사람들이 비웃고 미친놈이라고 핍박을 했을까. FTA다 WTO다 하면서 고도성장과 무한경쟁을 떠드는 세상에 환경운동이다 생명운동이다 평화운동이다 모기 소리 정도로 외치는 우리를 보고, 산 위에 방주를 만들던 노아에게 던진 조롱과 핍박이 있을 것입니다.

무지개는 평화와 생명의 상징입니다. 우리와 우리 자손들이 하나님께서 구름 안에 만들어 주신 무지개를 선명하게 볼 수 있을까. 무지개 살리는 운동, 무지개를 다시 보게 되는 운동, 우리가 전개하는 생명평화운동은 노아의 무지개 운동이라고 말하고 싶습니다. 우리는 무지개를 되찾아야 하겠습니다. 이미 황사에 싸여 잘 보이지 않게 된 무지개를 찾으면서 우리는 평화와 생명과 참된 행복, 평화를 만드는 자들에게 주어지는 행복을 생각합니다. 평화를 위해 일하는 YMCA운동에 하나님의 축복이 충만하기를 간절히 기원합니다.

울타리를 넘어서

2004년 9월 24일 나라사랑어머니회 홍콩 대회 만찬에서

방숙자 이사장님 · 방혜라 홍콩회장님 · 손목자 총회장님, 해외에서 오신 회원 여러분, 홍콩회원 여러분 그리고 우리를 위해 기도로 외조하는 아버지 여러분. 나라사랑어머니회 국제회원들이 다 함께 총회로 모인 이 자리에 초대해 주셔서 이야기를 나눌 수 있는 기회를 주신 것, 커다란 영광으로 생각하고 감사하게 생각합니다. 특히 여러분을 이국 땅 홍콩에서 뵙게 되어 더욱 반갑고 감격스럽습니다.

나의 두 분 어머니

이렇게 많은 훌륭한 한국의 어머니들 앞에 서니 저의 어머니가 생각납니다. 제 두 분의 어머니 이야기를 나누고 싶어졌습니다. 저를 나아 주신 어머니와 저를 길러 주신 어머니 이야기를 여러분과 함께 기리고 싶습니다.

첫 번째 어머니, 저를 낳아 주신 어머니는 제가 열세 살 되던 해에 돌아가셨습니다.

어머니는 장로교의 가난한 젊은 전도사의 아내였습니다. 제 생각으로는 제가 태어난, 평북의 작은 도시 강계의 최고 미인이었고, 정숙한 사모님이었습니다. 옛날 일제하에서는 한국 사람이 거의 다 그랬지만, 우리 전도사 집안은 배고프고 춥고 지지리도 가난했습니다. 교회 부인들이 가져다주는 식량은 옥수수와 콩과 냄새 나는 좁쌀 정도였습니다. 거의 항상 굶주린 배를 움켜쥐고 학교에 다니던 기억이 납니다. 그 추운 북한의 겨울에 두터운 코트 한 번 입어 본 적이 없고, 장갑이나 털모자, 방한 신발은 구경도 못 해보고 소년 시절을 보냈습니다.

그런데다가 강직하고 정열적인 아버지 전도사는 일본 경찰과 헌병 앞에 신앙을 굽히지 않았습니다. 하나님은 한국 백성을 일제로부터 반드시 해방시킬 것이라는 설교를 자주 했습니다.

그럴 때마다 일본 헌병에게 끌려가서 죽도록 매를 맞고 나오신 적이 한두 번이 아니었습니다. 결국 신사 참배를 반대하고 우리 적지도 않은 가족을 이끌고 춥고 낯설고 외로운 만주 벌판으로 한인 교회 선교사로 망명했습니다. 허약한 어머니, 영양실조에 다섯 형제를 낳아 기르던 가난한 선교사의 아내는, 만주의 망명생활, 춥고 배고픈 어려운 삶을 이어 나가기 어려웠습니다. 어머니는 결국 그 당시 흔했던 병인 폐병으로, 고향 땅에 돌아와 저의 외할머니 품에 안겨 한 많은 30대 한국 여성의 일생을 마감했습니다.

일제하의 우리 어머니들은 나라 잃은 설움과 한을 안고 가난하

고 고달픈 인생을 살았습니다. 일제의 강요에 의해서 아들들을 일
본의 아시아 침략전쟁에 내보내야 했고, 사랑하는 딸들을 일제의
'정신대'라는 이름으로 전쟁터에 내보내야 했습니다. 제대로 먹
지 못하고 입지 못하면서도 나라의 독립을 위해서 몇 푼씩 모아 독
립운동에 헌금하는, 나라를 사랑하는 어머니들의 모임이 비밀리
에 조직되기도 했습니다. 명예도 이름도 없이 나라의 독립과 자유
를 위해서 눈물로 기도한 수많은 훌륭한 어머니들을 기리고 싶습
니다.

저를 낳아 주신 어머니는 1945년 해방의 기쁨과 감격을 보지 못
하고 돌아가셨습니다. 그러나 저를 길러 주신 어머니는 두 번이나
피난민의 고생과 고통을 당하면서 저희 아이들을 길러냈습니다.

첫 번째 피난은 해방되면서 만주로부터 북한으로 귀국하는 피난
이었습니다. 그리고 북한 공산당 치하에서 모진 핍박을 받으면서
목사 사모로 고생하셨습니다. 6·25한국전쟁을 우리는 평양에서
당했습니다. 북한 땅에서 다시 아버지는 반공과 해방만을 설교했
습니다. 6·25가 터지자마자 아버지는 체포되고 총살당하여 순교
자 반열에 들어갔습니다. 그러나 어머니는 어린아이들을 거느리
고 그 무서운 피난길에 나섰습니다. 전쟁 동안 저는 대한민국 해군
에 입대했고, 어머니는 단신으로 중노동을 해가면서 저의 동생들
을 먹여 살렸습니다.

한국의 많은 어머니들은 전쟁을 경험한 세대입니다. 그리고 남
편과 아이들을 전쟁터에 잃어버리고, 남편과 생이별을 하고 50여
년 동안 만나 보지 못하고, 이른바 '이산가족'이 된, 한 많은 어머

니들입니다. 전쟁이 터지면 군대에 나가서 싸우는 군인만이 부상을 입고 전사하고 병신되어 죽어 가는 것이 아닙니다. 전쟁의 희생자는 어머니들과 아이들입니다. 이러한 사실은 경험한 나라 어머니들만이 절실하게 알고 있는 것입니다.

어머니의 사랑

낳아 주신 어머니의 사랑, 길러 주신 어머니의 사랑 두 분 어머니의 사랑을 저는 잊을 수가 없습니다. 어머니는 이 한 생명을 낳으셨습니다. 어머니는 자신의 생명을 저에게 주셨습니다. 어머니 몸 한가운데 들어앉아 어머니의 생명을 이어받고 어머니의 몸 안에서 자라났습니다. 우리 한 사람 한 사람은 어머니의 한 생명을 창조하는 힘, 그 사랑이 없으면 오늘의 우리가 있을 수 없었을 것입니다. 모든 어머니들은 인간 생명의 창조자이며 또한 생명을 길러 내고 양육하고 이어 가는 생명의 담지자들입니다.

어머니는 사랑으로 생명을 창조하고 사랑과 눈물로 생명을 양육합니다. 어머니는 바로 사랑입니다. 어머니의 사랑은 무엇을 바라보고, 보상과 칭찬과 명예를 기대하고 요구하는 사랑이 아니라, 조건 없이, 바라는 것 없이, 희생적으로 베푸는 사랑입니다. 자기 자식을 사랑하지 않는 어머니들은 별로 없습니다. 어머니를 사랑하지 않고 미워하는 자식들은 있어도 자식을 미워하는 어머니는 드뭅니다. 아무리 불효막심한 자식이라도 어머니에게는 어디까지나 귀한 내 자식이라고 하는 데는 어쩔 수 없습니다.

자식을 사랑하는 것은 본능이고 자연이라고 합니다. 그리고 그것은 의례 당연한 것이어서 그리 찬양할 것이 못 된다고 합니다. 우리 집 울타리 안의 자식을 사랑하고 아끼고 하는 것은 당연한 일입니다.

그런데, 우리 집 울타리 안에 있는, 우리 자식만 사랑한다는 데 문제가 있습니다. 내 자식만 잘 먹고 잘 입고 좋은 학교에 다니고 성공하고 출세하면 된다는 어머니들의 생각에 문제가 있다는 것입니다. 우리 집 울타리 밖에 아이들이 굶어 죽어 가든 얼어 죽어 가든, 학교가 엉망이든, 내 관심거리가 아니고, 우리 집 자식들만이 잘되면 된다는 '가족 이기주의'에 큰 문제가 있는 겁니다.

오늘날 우리나라의 정치나 사회문제가 이런 '가족 이기주의'에서 출발한다고 생각합니다. 이런 집, 이런 이기적 어머니 밑에서 자라난 자식들이 하는 정치는 빤한 것입니다. 나의 권력, 나의 재산을 지키기 위해서는 무슨 수를 쓰든, 누구를 희생시키든 괜찮다는 태도와 의식에 문제가 있는 것입니다. 한 개인만이 아니라 한 국가도 마찬가지입니다. 나라를 사랑한다는 '애국'의 이름으로 우리나라 사람만이 잘 먹고 잘살면 그만이라는 '국가 이기주의'는 제3세계의 가난한 나라의 물적 자원과 노동력을 강탈하고 착취하는 제국주의 폭력을 행사하게 되는 것입니다.

울타리를 넘는 이웃 사랑

옛날 분들은 기억하시겠지만 제가 섬기던 이화여대의 김옥길 총장 어머님이 생각납니다. 이대 후문 근처에 있는 김옥길 총장님 댁의 대문은 항상 열려 있었습니다. 도둑도 여러 번 당했지만, 도둑들이 많이 실망했다는 소문도 있었습니다. 대학 총장 집이라 털었지만 별로 가져갈 것이 없어서 실망한 나머지 그런 소문을 퍼뜨렸다는 것입니다.

가져갈 것이 없어서 대문을 활짝 열어 놓고 사신 것이 아니라, 울타리 넘어 아이들이 아무 때고 들어와서 마당의 우물에서 물도 마시고 놀다 가라고 김옥길 총장님의 어머니가 하신 일이라고 합니다. 울타리 너머의 아이들에게 사랑의 손길을 펴신 것이었습니다.

여기 모인 〈나라사랑어머니회〉의 어머니들은 내 자식만을 사랑하는 '자식 이기주의' 그리고 '가족 이기주의'를 극복한 훌륭한 어머니들이라고 높이 찬양하고 싶습니다. 나의 집 대문을 활짝 열고, 나의 집 울타리를 넘어 울타리 밖의 아이들, 특히 가난에 찌들리고 굶주리고 헐벗은 아이들, 심지어 우리 원수의 나라 아이들에게까지 사랑의 손길을 펴는 분들이 바로 〈나라사랑어머니회〉의 어머니들이기 때문입니다.

바로 작년 이맘때, 여기 방혜자 회장님과 백봉현 오브라이언 부회장님이 평양에 다녀왔습니다. 홍콩의 〈나라사랑어머니회〉가 주최한 남한 완주 사이클링에서 모금한 돈을 들고 이북 땅, 가난하고 굶주린 땅, 영양실조로 죽어 가는 아이들의 식량에 보태 쓰라고 직접 들고, 그 어려운 걸음을 하고 왔습니다. 대단한 분들이고, 존경받을 분들이라고 생각했습니다. 눈물겨운 감동의 이야기입니다.

우리 집 대문 밖에 있는 아이들만이 아니라, 우리나라 울타리— 우리나라 한반도를 두 동강으로 잘라 놓은 저 높고 무서운 철조망 울타리 38선을 넘어서, 나라사랑어머니회의 어머니들의 사랑이 스며들어 간 것입니다. 우리는 전쟁으로 총칼로 형제자매가 서로 미워하고 죽여 가면서, 한쪽이 한쪽을 정복해서 통일하려고 시도했으나 실패하고 말았습니다. 앞으로도 전쟁으로 하는 통일은 실패할 것입니다. 아무리 핵무기가 무서워도, 아무리 힘이 있어도, 핵무기는 우리 갈라진 민족을 화해시키고 반가운 마음으로 손잡고 통일을 이루게 하지는 못합니다. 화해와 통일은 강제로 되는 것이 아닙니다. 우리 어머니들의 사랑의 힘만이, 남과 북을 갈라놓은 철조망 울타리를 넘나드는 사랑의 힘만이, 우리 어머니들의 사랑의 눈물만이, 우리 욕심 많고 폭력밖에 모르는 남자 지도자들의 마음을 평화와 화해와 통일을 위한 마음으로 돌릴 수 있다고 생각합니다.

우리 민족과 나라를 위해서 기도하고 일하고 봉사하는 어머니들의 삶은 누가 보아도 아름답고 의미 있고 풍요로운 것입니다. 내 자식, 내 집, 내 남편만 쳐다보고 우리만 잘 먹고 잘살면 된다는 그런 삶은 외로운 삶일 뿐 아니라 위험한 삶입니다. 삶 그 자체가 무의미하기 때문입니다. 내 집 울타리 밖의 세상을 보고 읽고 알고 찾아 나서는, 우리 집 울타리 밖의 세상을 위해서, 우리 집 울타리 밖의 아이들을 위해서 무엇인가 해야 한다는, 어머니의 사랑의 열정을 가지고 사는 삶은 아름답고 고귀한 것입니다. 그런 어머니들이 우리의 역사를 만들어 왔고 그런대로 오늘 우리가 이만큼 살아남게 된 것입니다. 나라사랑어머니회의 어머니들이 많은 우리나라는 축복받은 나라입니다.

이 아름다운 어머니들의 모임을 영어로 이름붙이기를, "Korean Children Foundation"으로 했다가 나중에 "Global Children Foundation"으로 개명했다는 이야기를 들었습니다. 우리나라 울타리도 넘어서, 이제 제3세계의 먼 나라들, 아시아와 아프리카의 굶주리고 헐벗은 아이들에게 사랑의 손길을 펴고 있다는 이야기는 감동적일 뿐입니다.

우리, 나라사랑어머니회 회원 어머니 여러분의 축복된 뜻과 삶 속에 하나님이 항상 함께하시기를 축원합니다. 여러분 어머니들은 우리 모두의 희망입니다.

감사합니다.

위험한 기억들

2010년 4월 7일 한신대 창립 70주년
누가복음 24:28-32

지난주 한신대 창립 70주년 기념식에 참석하라는 초청장을 받았습니다. 축하드립니다. 이 뜻 있는 해, 창립 70주년이 되는 해에 한신대 채플에 서게 된 것, 큰 영광으로 생각하고 감사드립니다.

개인적으로 큰 영광으로 생각하는 이유가 많습니다. 그중 한두 가지만 말씀드리면, 첫째, 저는 예수교 장로회 통합 측 목사이기 때문에 한신 출신이 아닌데도 이 엄숙한 자리에 초대받았기 때문입니다. 한신의 에큐메니칼 정신이 없었다면 불가능한 일이었을 것입니다.

둘째로, 많은 이들이 저에게 '기장 같은 예장'이라고 놀리기도 하고, '정체불명의 예장 목사'라고도 합니다. 감리교 학교인 이화여대에서 신학을 강의하고 교목실장까지 한 걸 보면 감리교 목사 같기도 하고, 신학적으로는 기장 사람들하고 가까운 것을 보면 기장 목사 같기도 해 도대체 정체가 분명하지 않다는 것입니다.

기장의 박형규 목사님

그렇게 된 가장 중요한 이유는 신학 공부를 하면서부터 기장 목사님들과 한신의 창시자와 교수님들의 영향을 많이 받았기 때문입니다. 저는 1962년, 미국 뉴욕에 있는 유니언 신학대학원에서 신학 공부를 시작했습니다. 당시 총 학생수가 팔백 명 정도였는데 한국 학생이라곤 두 명밖에 없었습니다. 기장 목사님인 박형규 목사님이 STM이라고 하는 석사과정에 계셨고, 저는 M. Div 과정에 입학했습니다. 목사님을 만나게 된 것은 저에게 일생일대의 행운이었습니다. 제가 주일마다 지하철로 두 시간이나 떨어진 거리에서 있는 흑인교회에 전도사로 일하고 있었는데, 교회 일을 마치고 학교 기숙사로 돌아오는 밤 11시 12시까지, 목사님은 주무시지 않고 계시다가 저와 함께 학교 근처에 있는 피자집에 가서 생맥주와 함께 밤참을 먹으며 신학을 이야기하곤 했습니다.

기장 목사님이 저에게 생맥주 마시는 것 가르친 것이 중요한 것이 아니라, 제 신학 공부의 가정교사 역할을 해주셨다는 말입니다. 우선 저는 기장이나 한신대학의 신학 노선이 제가 다니던 유니언 신학대학원의 신학과 맥을 같이 한다는 것을 배웠습니다. 박 목사님을 통해서, 김재준 목사님이 자유주의 신학사상 때문에 1952년에 장로회 총회에서 종교재판을 받고 이단으로 몰려 예장에서 물러나, 한국전쟁 와중에 부산에 한신을 세우셨다는 역사를 들었습니다. 김재준 목사님은 보수적인 프린스턴 신학대학원 출신인데도, 배우신 대로 한국에 돌아오셔서 한국인들이 경영하는 신학교에서 자유주의 신학을 자유롭게 가르쳤기 때문이었다는 것입니다. 저는 유니언 신학대학원이 신학적으로 유명하고, 폴 틸리히 · 라인홀드 니이버 · 존 베네트 같은 세계적인 신학자들이 강의한다는 것 때문에 그 학교에 가게 되었지만, 우리나라 '이단 집단'인 기장과 한신의 신학과 일맥상통한다는 이야기를 박 목사님에게 처음 들으면서 한국의 신학의 역사와 인물에 대해서 큰 관심을 갖게 되었습니다.

목사 아들

저는 예수교 장로회의 전도사, 목사의 아들로 자랐습니다. 아버지는 아버지 세대 목사님들이 대부분 그랬던 것처럼, 근본주의 신앙을 가진 독실하고 열정적인 목회자였습니다. 제 고향이 평안북도 강계였기 때문에 압록강 근처의 농촌 교회를 전전하면서 전도사 일을 보았습니다. 그래서 어머니와 동생들이 고생도 많이 했습니다. 무엇보다 너무 가난했습니다. 하루 세끼 밥 먹는다는 것은 바랄 수도 없었습니다. 학교에서는 전도사 아들이 1등을 하지 않으면 교인들의 빈축을 사니 품행방정하고 우등생이 되어야 한다고 항상 압력을 받으면서 얌전하게 살아야 했습니다.

일제하 기독교 탄압이 심해지면서 일제는 전도사와 목사들에게 신사참배를 강요했습니다. 아버지는 이를 거부하다가 일본 경찰에 잡혀가 매도 많이 맞았습니다. 아버지 덕분에 저는 초등학교 1학년 때부터 항일 운동가처럼 살았습니다. 신사 참배를 거부하면

서 목회일을 할 수 없게 되자 압록강 가 작은 고을에 나가서 잡화
상을 열었는데, 장사가 참 잘되어서 우리 형제는 하루 세끼 잘 먹
고 잘 지내게 되었습니다. 그러나 아버지는 목회의 사명을 버릴 수
없어서 그 많은 식구를 이끌고 만주로 들어가 한국에서 이민 온 교
인들을 위한 선교사 일을 보기 시작했습니다.

만주에서의 목회 생활은 비참하기 그지없었습니다. 일본 경찰
의 감시는 여전했고, 가난한 살림은 그대로였습니다. 결국 어머니
는 저의 막내 동생을 출산하고, 영양실조와 피곤으로 못내 폐결핵
에 걸려 세상을 떠났습니다. 제가 중학교 2학년 때, 열세 살 되던
해입니다.

위험한 기억

이것이 일제하 기독교인으로서, 나라 잃고 방황하는
한국 사람으로서, 만주에 망명한 전도사의 아들로서 제가 가지고
있는 '위험한 기억'입니다. 왜 위험한가? 우선 아픈 기억들이기
때문입니다. 그리고 이런 집안에서 태어난 사람, 이런 집안에서
자란 사람은 위험인물로 취급되기 때문에 감추고 싶은 기억들이
기 때문입니다. 사상적으로 위험한 사람이 가지는 기억이며 역사
이기 때문입니다.

제 아버지 이야기를 계속하겠습니다. 해방이 되어서 우리는 모
두 한국으로 귀국하게 되었습니다. 만주에서 피난민을 태운 기차
를 타고 평양까지 와서 기차를 그대로 타고 있으면 서울이나 부산
까지 올 수 있었는데, 아버지는 고향에 가서 목회 일을 봐야 한다

며 고집을 부려 모두 압록강 근처에 다시 정착하게 되었습니다.

이제는 일제 치하가 아니라 공산 치하에서 그 모진 핍박을 받으면서 목회를 시작했습니다. 결국 남으로 도망 나올 결심을 하고 평양까지 이사를 오게 되었고 교회를 맡게 되었습니다. 그리고 6·25한국전쟁이 터졌습니다. 저는 군대에 끌려갈 나이라 땅굴을 파고 숨어 있었습니다. 그러나 아버지는 반공 목사로 낙인이 찍혀 공산군에 끌려갔습니다. 1950년 6·25가 터진 그해 10월, 아버지의 시체는 대동강 하류에서 발견되었습니다. 다른 목사님들과 밧줄로 묶인 채 강가에 떠 있었습니다. 온몸과 얼굴에는 따발총 맞은 자국이 많았습니다. 목사 아버지가 순교한 지 올해 60년이 됩니다. 제 가족은 아버지를 평양 대동강 남쪽, 교회가 있던 언덕에 장사를 지내고 남으로 피난 와서 정착하게 되었습니다.

저는 순교자 아버지를 존경해 왔고 아직도 존경합니다. 아버지는 저에게 영원한 '위험한 기억'입니다. 아버지는 일제 압제하에서 항일, 신사 참배 반대운동을 한 애국 목사였습니다. 그래서 그는 위험인물이었고 일제의 소위 요주의 인물이었습니다. 아버지의 근본주의 신앙, 그리스도의 복음을 들고 어떤 어려움이 있어도 선교의 사명을 다한다는 헌신적 신앙을 저는 존경합니다. 그리고 아버지는 북조선의 공산당 정권에 맞서 자유와 해방을 설교하신 성분이 나쁜 반공 목사였습니다. 자유주의 신학을 공부하지 못했고, 자신은 절대적으로 보수적 복음주의 목회자라 자부하고 계셨지만, 하나님께서 주신 인간의 기본적인 자유와 애굽의 노예 되었던 이스라엘 백성을 해방시킨 역사적이며 정치적인 하나님에 대한 신뢰는 누구도 따라가기 어려웠습니다.

흑인 인권운동

제가 박형규 목사님과 만나 미국에서 신학 공부를 할 때는 미국의 흑인들이 노예적인 인종차별 대우로부터 해방되는 민권운동을 펼칠 때였습니다. 제가 다니던 신학대학원의 신학생들은 이에 적극적으로 참여하고 가두행진을 하며 데모를 하던 때였습니다. 저는 한국의 4·19학생혁명에는 참여하지 못했지만, 미국의 흑인 인권운동을 가까이에서 지켜보면서 인권의 문제, 신학생으로서 사회적 불의에 저항하는 일에 참여하는 것이 신학이라는 학문 못지않게 아니 그보다 더 중요하다는 것을 경험으로 배웠습니다.

신학 공부는 아주 어려웠습니다. 주일학교의 신앙과 신학 정도로는 도저히 따라갈 수 없는 어려운 학문이 신학이라는 걸 깨달았습니다. 구약성서를 공부하면서 JEPD라는 문서설을 들었을 때, 저의 근본주의 신앙은 곤두박질을 하며 무너져 내렸습니다. 조직신학 과목을 들으면서 교수들의 정직한 질문들, 그리고 그 질문들에 대해서 끝까지 캐내려가는 학문적 정신에 감탄했습니다. 그리고 자유롭게 질문하고 거침없이 토론하고 답을 찾는 교수들과 학생들 속에서, 신학이라는 학문에 대한 경이로움과 호기심에 심취하게 되었습니다.

신학하는 즐거움과 자유롭게 학문하는 데서 얻는 해방감, 그 속에서 개인의 자유, 종교의 자유뿐 아니라 학문의 자유를 만끽하면서 자유를 갈망하고 자유를 위해서 목숨도 바칠 수 있다는 깨달음을 가질 수 있었습니다. 학문의 자유와 종교 신앙의 자유를 맛보면서 인간의 자유, 하나님께서 주신 자유를 포기할 수 없고 어느 누구도 억압해서는 안 된다는 정치적 각성을 하게 되었습니다. 자유를 사랑하게 되었고, 자유를 억압하는 어떠한 세력과도 대항해서 투쟁해야 하는 것이 신학자와 목회자 그리고 모든 그리스도인들이 해야 할 일이라고 결심을 했습니다.

자유와 해방이 바로 예수 그리스도의 구원이며 복음이라고 믿게 되었습니다. 인간의 자유와 사회의 해방을 위하여 일하는 것이 예수가 선포한 하나님 나라를 위한 것이라는 정치신학적인 선교적 사명을 품게 되었습니다.

김재준 목사님

박사과정을 마치고 이화여대 교수로 귀국했을 때는 군사 쿠데타로 정권을 잡은 박정희 장군이 대통령 임기를 연장해서 세 번 출마하겠다고 3선 개헌운동을 펼 때였습니다. 그때 저는 한신대학교의 창시자이며 기장의 창설자, 소위 자유주의 신학자, 이단이라는 위험한 꼬리표를 단 김재준 목사님과 가까워질 수 있었습니다. 김재준 목사님은 3선 개헌 반대운동에 앞장서서 치열한 민주화 운동을 전개하고 계셨습니다. 그리고 〈제3일〉이라는 신학 동인지를 월간으로 내자고 하셔서 박형규 목사님을 비롯한 서남동·현영학·문익환·문동환·박봉랑 등 기라성 같은 한신대 교수님들 틈에 끼어 매달 글을 쓰면서 유신정권을 비판하고 민주화를 외치고 학생들과 노동자들의 인권을 주장하는 민주화 운동에 투신하였습니다. 나이 마흔밖에 안 된 젊은 신학자로서, 70세 노학자인 김재준 목사님의 사랑을 많이 받았습니다.

그리고 1970년 겨울, 노동운동가 전태일 군이 분신자살하면서 서남동·안병무·현영학 등 기장 신학자들과 함께 한국 민중의 현실에 눈 뜨고 한국 민중의 고난의 현장에서 그리스도의 복음을 다시 해석하고 하나님의 선교에 투신하게 되었습니다.

위험한 인물들과 함께 민중신학을 말하는 일은 위태로운 일이었습니다. 민중신학의 기억은 위험한 기억입니다. 결국 박정희 대통령이 자신의 신복 정보부장의 총탄에 쓰러진 뒤, 신군부의 전두환 장군이 직권하면서 우리 100여 명의 정치교수들이 감옥살이를 하게 되었고, 해직교수로 대학 강단에서 물러나야 했습니다. 합동수사본부 조사실에서 2주 동안 밤낮으로 쓴 것이 범죄 자술서였습니다. 내가 얼마나 위험한 인물이냐 하는 것을 자백하라는 것이었고, 나의 위험한 기억을 하나도 남김없이 쓰라는 것이었습니다.

위험한 기억들

올해 이 노인의 나이가 팔순입니다. 제 생애를 돌이켜 보면 위험한 기억들이 한두 가지가 아닙니다. 그러나 이 기억들은 저 한 사람만의 기억들이 아닙니다. 일제 강점기를 살아온 우리 세대가 위험하게 살아온 공동의 기억들입니다. 우리 민족의 한스러운 한의 기억들입니다. 올해로 경술국치를 맞은 지 100년입니다. 우리에게는 100년이 넘는 한의 역사, 고난의 역사, 위험한 기억들이 있습니다. 그리고 민족 분단과 6·25한국전쟁의 위험한 기억들이 있습니다. 또한 4·19학생혁명 50주년이 되는 해입니다. 한국 사회의 민주화를 향한 우리 민중들이 투쟁했던 위험한 기억들을 우리는 공유하고 있습니다.

여러분 앞에서 감히 말씀드리고 싶은 것은 한신대학은 이단 신학자들이 세운 학교라는 위험한 기억을 담지하고 있다는 사실입니다. 이 기억이 있으므로 해서 한신대학은 유명하고 존재 이유가 있다고 생각합니다. 한신의 위험한 기억들이 한신의 정체성이고 다른 학교와 차별성을 가지게 되는 것입니다. 이것이 한신의 위험한 전통입니다.

우리의 기억들이 아프다고 해서, 위험하다고 해서, 망각하거나 버릴 수 없습니다. 히브리 백성들이 애굽에서 노예생활을 하던 뼈 아픈 역사, 해방의 역사, 민족의 위험한 기억들을 되풀이 기억하고 아이들에게 가르치라고 하나님은 명령하셨습니다. 우리에게 주신 성서는 위험한 기억들을 기록한 위험한 책입니다.

십자가와 부활

그리스도인들에게는 십자가를 지시고 골고다 언덕에서 피 흘리신 예수의 고난의 역사가 치욕의 기억이며 위험한 기억입니다. 이 십자가의 기억을 되살리던 로마 시대의 그리스도인들은 생명을 내놓아야 하는 위험에 노출되어 있었습니다. 십자가의 기억은 위험한 기억입니다. 그리스도교는 위험한 기억의 종교입니다. 그리스도교 신앙을 지키는 것은 독재 시대에, 불신앙의 시대에, 우상의 시대에, 항상 위험한 것입니다. 독재와 맞서서 인간의 기본 권리와 하나님이 주신 자유를 지키기 위해서 절대 권력에 대항해서 싸워야 하기 때문입니다. 이 땅에 정의와 평화와 사랑이 넘치는 하나님의 나라를 이룩해야 하는 사명을 받았기 때문입니다. 각오를 해야 합니다. 불의한 세상에서 불의한 정권과 인간 위에 군림하는 세력하에서 자유를 말하고 그리스도의 하나님 나라의 정치를 말하고 행동하는 일은 위험하기 때문입니다.

십자가의 고난의 기억이 위험한 건 사실이지만, 더욱더 위험한 기억은 예수 그리스도의 부활입니다. 예수는 십자가의 고난을 뛰어넘었습니다. 죽음의 세력과 싸워서 물리치고 승리하였습니다. 십자가의 혁명, 모든 불의한 것, 물질적 · 정신적 우상들, 죽음의 세력들을 십자가에 못 박고, 새로운 생명으로 부활하신 예수 그리스도를 우리는 기억합니다. 위험한 기억입니다.

오늘 봉독한 누가복음에 나오는 엠마오로 내려가던 두 사람의 제자들은 예수의 십자가와 부활의 기억을 되살리고 이야기하고 있었습니다. 그 위험한 기억 속에 예수가 나타나셨습니다.

오늘날, 예수 그리스도는 십자가의 고난과 부활의 승리를 말하는 우리의 위험한 기억 속에 함께하십니다. 위험한 우리 신앙의 기억 속에 예수 그리스도는 현존하십니다. 우리 한 사람 한 사람의 가슴 속 깊이에 간직하고 있는 위험한 기억 속에, 우리 민족이 공유하는 위험한 기억 속에, 그리고 그 기억을 되살리고 이야기하는 가운데 우리의 해방자 예수께서는 동행하시는 것을 믿습니다.

아멘.

3
어른들 앞에서:
사랑을 기리며

구만 리 장공 훨훨 나는[†] 자유인

2009년 1월 22일 장공 22주기 추모사

저는 목사님이 창설하신 기독교장로회 교인도 아니고 소속 목사도 아닙니다. 예수교 장로회 통합 측 목사입니다. 저는 김재준 교장님이 창설하시고 교수님으로 강의하신 한국신학대학 출신도 아니어서 교수님의 그 많은 기라성 같은 제자들의 반열에도 끼지 못한 사람입니다. 저는 조직신학을 공부했기 때문에 박사님의 구약학회의 회원도 아닙니다. 그뿐만 아니라 제가 미국에서 신학 공부를 한 것도 프린스턴 신학대학원이 아니라 뉴욕의 유니언 신학대학원, 목사님이 1930년대 신학 공부를 미국서 하실 때 치열하게 신학 이념 논쟁을 한, 그 자유주의 신학대학원에서 공부했기 때문에 프린스턴 후배 명단에도 낄 수 없습니다.

[†] 이 추모사의 제목은 문익환 목사님의 헌시에서 따온 것입니다. 천사무엘 저, 《김재준: 근본주의와 독재에 맞선 예언자적 양심》, 202쪽에서 재인용했습니다.

이토록 여러모로 자격도 없고 연고도 없는 저에게 목사님의 추모예배에 초청해 주시고, 추모의 말씀까지 하도록 기회를 주신 것 영광으로 생각하고, 그동안 외국생활을 하는 동안 목사님의 추모 행사에 참여하지 못한 죄송스러운 말씀을 드릴 수 있게 해주셔서 감사합니다.

저는 미국에서 신학 공부를 시작하면서 같은 학교에 신학석사학위를 받으러 오신 박형규 목사님의 가르침을 많이 받았습니다. 목사님은 한국 교회의 역사를 배워야 한다는 말씀을 많이 하셨습니다. 그리고 김재준 목사님이 어떻게 이단으로 몰려서 파면당하고 한국신학대학을 세우고 기독교장로회를 창설하게 되셨는지 말씀해 주셨습니다. 박 목사님의 말씀을 못 믿어서가 아니라 그 이후 김양선 목사님이 쓰신 《한국기독교 해방 10년사》를 읽고 한국 교회 분열의 역사를 좀 더 자세하게 배우면서, 김재준 목사님의 신학과 신념과 용기를 존경하게 되었습니다. 젊은 신학도로서 목사님과 같은 신학자, 자유주의 신학자는 못 된다 하더라도, 자유로운 신학자, 신학적 신념에 따라 말하고 행동하는 신앙인이 되어야겠다고 다짐하면서 공부했습니다.

신학 공부를 마치고 이화여자대학교의 교수로 초빙되어 귀국한 해가 바로 1969년 박정희 대통령이 3선 개헌을 획책하고 있을 때이고, 목사님이 그야말로 자의반 타의반, 사울 왕처럼 사람들이 등을 떠미는 바람에 이에 반대하는 국민운동본부의 장으로 일하실 때였습니다. 그리고 1970년대가 열리면서 목사님이 저를 부르셨습니다. "내가 동인 신학 잡지를 하나 낼 터이니, 동인들 모임에 나와 주시오” 하시는 것이었습니다. 그때 목사님의 춘추는 만으로 예순아홉, 저는 새파란 서른아홉 살이었습니다. 서른 살 차이가 나는 대선배가 새까만 후배를 잡지를 함께 하는 동인으로 불러 주시는 데 감격한 나머지 사양도 못 하고 나가서 처음으로 인사를 드리고 월간 신학 잡지, 〈제3일〉의 동인이 되어 매달 모여서 편집회의를 하고, 글을 쓰고, 목사님의 말씀을 듣는 귀한 시간을 보냈습니다.

평생 잊을 수 없는 목사님의 첫 말씀이 있습니다. 제 인사를 받으시고 하시는 말씀, “박형규 목사한테서 유니언 시절 이야기 많이 들었어요. 그 양반이 동인으로 추천하더군. 한국에 와서 일하게 된 것 환영해요. 어려운 일이 많겠지만, 배운 대로 말하고 배운 대로 가르치고, 신념을 굽히지 말고 소신대로 잘 하세요.” 옆에 계신 분들이 “아니 또 젊은 사람, 목사님처럼 고생하고 불행해지는 걸 보려고 그러십니까?” 하시던, 농담 섞인 말씀도 기억납니다. 그러나 그때 초면에 저에게 말씀하신 그 말씀대로 살고 말하고 가르치고 하면서 불행하게 느끼거나 좌절하지 않고 오늘까지 이렇게 목사님의 추모식에 참여할 수 있게 된 것은, 목사님의 기도의 은혜로 알고 감사드립니다.

1970년, 한국 정치의 추운 겨울이 닥쳐오는 것을 몸으로 느끼신 목사님은 〈제3일〉 창간호 권두언에 이렇게 쓰셨습니다. “이 무서운 침묵 속에서, 작은 소리라도 듣고 싶어 하고 외치고 싶어 하는 사람들이 있다. 그것은 아주 소수파에 속하는 〔증언자〕들이다……. 교권자들이 예수에게 ‘좀 침묵을 지켜 달라’ (요새 말로

'미네르바야, 허위사실, 유언비어 퍼뜨리지 마라')고 했을 때, 예수는 '내가 잠잠하면 이 길가의 돌들이 부르짖고 나설 것이다'고 대답했다는 것이다. 그것은 화산 분화구 같이 치밀어 오르는 '신의 대언'으로 되기 때문이다……"(1970년 9월 창간호, 3쪽). (요새 말로 하면 2008년 봄 작은 촛불 하나가 화산 분화구처럼 타오르는 것을 목사님은 하늘나라에서 보셨을 겁니다.)

그러나 1972년 유신을 선포하고 장기집권을 장악한 박정희 대통령은 긴급조치로 온 나라의 입과 귀를 막으면서 1974년 4월호를 마지막으로 〈제3일〉은 폐간되고 말았습니다. 목사님은 결국 같은 해 해외에서 한국의 민주화 운동에 앞장서시면서 〈제3일〉을 해외판으로 복간하여, 1981년 6월까지 총 60호를 계속 발간하셨습니다. 그 이후 귀국하셔서 전두환 대통령 치하에서도 잠잠하시지 않고 조용한 말씀으로 우리에게 희망과 용기를 주시다가 1987년, 6월 항쟁도 못 보시고, 유신헌법이 폐기되는 역사도 못 보시고, 박종철 군을 앞서 보내시고는 하늘나라의 부름을 받으시고 저희 곁을 떠나셨습니다.

저는 오늘 이 자리를 빌려 감히 두 가지 제언을 하고 싶습니다.

첫 번째는 목사님이 시작하신 〈제3일〉을 복간하자는 것입니다. 이 자리에서 창간 동인이었던 분들, 박형규 · 이문영 · 김경재 · 김용복 등 몇 분과 김재준 목사님의 한신대 후배 제자들 중 몇 분이 복간위원들이 되어 몇 주 안에 모여서 시작할 수 있지 않겠나 제안해 보는 것입니다. 1970년 창간호에서 쓰신 것처럼, 오늘날 이 무서운 침묵을 강요하는 어둡고 추워지는 때에 우리의 작은 소리, 촛불처럼 작은 불꽃이, 어두움을 밝혀 주고, 침묵이 함성이 되어야 우리가 살 수 있다는 절박한 마음에서 감히 드리는 말씀입니다.

두 번째 제언은 김재준 목사님이 1953년 대구 서문교회에서 한국전쟁의 한복판, 피난지에서 4월 24일, 한국장로교 제38회 총회에서 '목사직에서 파면당하고 그 직분 행함을 금지' 당했습니다.(권징조례 제6장 42조에 의하여) 이제는 이 불행한 과거사를 청산할 때가 되었다고 생각합니다. 김재준 목사님의 파면선고를 취소하고 복직시킴으로써, 동시에 예수교장로회와 기독교장로회가 통합하는 역사를 만들 수 있는 화해의 시기가 되었다고 생각합니다.

목사님은 기독교장로회를 창립하시면서 "나는 (갈라진 것이) '분열'이 아니라, '분지'라고 설명했다. 나무가 자라려면 줄기에서 가지가 새로 뻗어 나가야 하는 것과 같다는 것이다……"(천사무엘, 《김재준: 근본주의와 독재에 맞선 예언자적 양심》, 158쪽에서 재인용)라고 하셨습니다. 이제 나무가 많이 자라서 한국장로회라는 거목이 되었으니, 하나의 나무로 그 큰 가지에 새들이 모여 들고 나무 그늘에 동네 아이들과 어른들이 쉬고 가도록 하게 되었다고 생각합니다.

"그리스도께서 우리를 해방시켜 주셔서 우리는 자유의 몸이 되었습니다. 그러니 마음을 굳게 먹고 다시는 종의 멍에를 메지 마십시오"(갈 5:1). 바울 사도의 당부입니다. 문익환 목사님께서 스승에게 바치는 시에서 말한 것처럼 "구만 리 장공 훨훨 날아다니시던……" 자유인 김재준 목사님께서, 삶으로 가르쳐 주신 말씀입니다. 신앙의 자유, 언론의 자유, 학문의 자유, 신학의 자유, 그리스도인들이 예수 그리스도를 통해서 얻은 이 소중한 자유가 십자가에 처형되어, 땅 속에 매장되었다가도 제3일에는 다시 죽음의 권세를 물리치고 일어나 부활할 것이라는 굳은 신념을 주시고 당부하시고, 아직도 우리 가운데 현존하시는 김재준 목사님의 조용한 음성이 다시금 들리는 것 같습니다.

"죽은 것 같지만, 보시오,
살아 있소"

2007년 5월 21일 서남동목사기념사업회 강연
고린도후서 6:4-10; 4:8-12

1984년 5월인가 6월인가 분명히 기억이 나지 않지만, 우리 1980년에 이런 저런 이유로 정보원 아니면 경찰에게 끌려가 고초를 당하고 대학에서 해직당한 사람들이 가을 학기부터 강단으로 다시 돌아가, 그리운 학생들을 만날 수 있다는 소식을 듣고 있을 때였습니다.

서남동 목사님은 꽤 오랜 동안 미국과 캐나다 그리고 일본 등지에서 순회강연을 마치고 돌아오시자마자, 세브란스병원에 입원하셨습니다. 병원을 찾아갔습니다. 병문안도 병문안이지만 복직된 소식도 알려드리고 함께 기쁨을 나누고 싶었습니다. 그리고 제가 해외로 긴 여행길을 떠날 예정이어서 작별 인사 드릴 일도 있었습니다.

"가을에 다시 뵙겠습니다" 하고 인사를 드리고 병실을 나왔으나, 그 말이 이 세상에서의 마지막 인사가 되리라고는 상상도 못했습니다. 목사님은 그해 가을, 대학 강의실에 다시 서지도 못하시고 먼저 가셨습니다. 저는 장례식에도 참석 못 하고, 다음 해 파주의 묘지를 방문한 것이 전부였습니다.

23년, 거의 4반세기라는 세월이 흘렀습니다. 병상에서 제 손을 꼭 잡고 반가워하시면서, "우리 민중신학, 해외에도 알리고, 잘해 봅시다." 힘은 없으셨지만 아름다운 미소로 용기와 희망을 말씀하시던 모습을 잊어버릴 수가 없습니다. 목사님의 준수한 용모에는 성자^{聖者}의 아우라aura가 빛나고 있었습니다.

"죽은 것 같으나 보시오, 살아 있어요"

오늘 읽은 성경 말씀은 고린도후서 6장에 있는 말씀이지만, 4장에 있는 말씀과 연결이 된다고 생각하기 때문에, 4장의 말씀도 읽어 드리겠습니다. 표준 번역보다 공동 번역이 더 잘되어 있어서 그 번역판을 읽겠습니다.

"우리는 아무리 짓눌려도 찌부러지지 않고, 절망 속에서도 실망하지 않으며, 궁지에 몰려도 빠져 나갈 길이 있으며, 맞아 넘어져도 죽지 않습니다. 이렇게 우리는 언제나 예수의 죽음을 몸으로 경험하고 있지만 결국 드러나는 것은 예수의 생명이 우리 몸 안에 살고 있다는 사실입니다. 우리는 살아 있는 동안 언제나 예수를 위해서 죽음의 위험을 겪고 있습니다. 그것은 우리의 죽을 몸에 예수의 생명이 살아 있음을 드러내려는 것입니다. 이리하여 우리 속에는 죽음이 설치고 여러분 속에서는 생명이 약동하고 있습니다. '나는 믿었다. 그러므로

나는 말하였다' 라는 말이 성서에 기록되어 있습니다." (4:8-12)

그리고 바울은 쓰기를 6장 첫머리에,

"우리는 환난과 궁핍과 역경에도 잘 참아냈고 매질과 옥살이와 폭동을 잘 겪어 냈으며 심한 노동을 하고 잠을 못 자도 굶주리면서 그 고통을 잘 견디어 냈습니다. 우리는 순결과, 지식과, 근기와, 착한 마음을 가지고, 성령의 도우심과 꾸밈없는 사랑과 진리의 말씀과 하나님의 능력으로 살고 있습니다." (고후 6:4-6)

이 글은 서남동 목사님의 편지 같습니다. 아니 서남동 목사님과 함께 1970년대와 80년대만이 아니라 3·1운동에서 신사 참배 거부운동을 하신 선배 목사님들이 쓰실 만한 편지입니다. 독일의 청년 신학자 본회퍼가 쓴 편지, 미국의 마틴 루터 킹 목사가 감옥에서 자주 쓰던 편지에 있는 말씀입니다. 그리고 미국의 라인홀드 니버 목사가 가장 사랑하는 성경 구절, 그래서 그의 제자 현영학 선생님이 즐겨 읽으시던 성경 말씀입니다.

바울 선생은 이렇게 말합니다.

"우리는 속이는 자 같으나 진실하고, 이름 없는 자 같으나 유명하고, 죽은 것 같으나, 보십시오. 이렇게 살아 있습니다. 또 아무리 심한 벌을 받아도 죽지 않으며 슬픔을 당해도 늘 기뻐하고 가난하지만 많은 사람들을 부요하게 만들고, 아무것도 가진 것이 없지만, 사실은 모든

것을 가지고 있습니다."(고후 6:8-10)

이것은 서남동 목사님의 편지일 뿐 아니라, 서남동 목사님의 삶이었습니다.

가택 연금 상태에서 태어난 민중신학

1970년대 박정희 군사 독재의 긴급조치 아래서 우리 민중신학을 한다는 사람들은 죄수들처럼 한국이라는 감옥에 갇혀서 살았습니다. 정보원들과 경찰의 24시간 감시를 받을 뿐 아니라 외국 여행도 허락이 안 되었습니다. 그래서 망명도 할 수 없다고 해서, 에그자일exile이 아니라 나라 안에 갇혀 있다는 뜻으로 인크자일inxile되어 있다는 농담도 했습니다. 세계 각국의 친구들이 인크자일 된 한국 친구를 만나러 온다고 찾아왔습니다. 그중에는 독일의 몰트만 교수, 미국의 제임스 콘 교수 등이 끼어 있었고, WCC, CCA에서 정식으로 파견된 방문단도 있었습니다.

그들이 우리 집 지하실의 쇠로 만든 창살이 달린 창문을 보면서, 감옥살이하는 것 같다고까지 했습니다. 지하실에 모여 앉아서 희희낙락 떠드는 서남동 목사, 현영학 교수, 안병무 박사, 김용복 박사 등을 만나 보고서 하는 말은 한결같이, "아니, 감옥에 가서 그토록 고초를 당하고, 해직당하고, 먹을 것이 없어 굶고 앉아서 눈물이나 흘리고 있는 줄 알았는데, 왜 이렇게 즐겁습니까? 우리는 여러분을 위로하러 왔는데, 오히려 위로를 받습니다. 그 비결이 무엇입니까?" 하는 것이었습니다.

그 당시 우리는 당하기는 당했어도, 죽지 않고 말짱하게 살아 있었습니다. 우리는 밥 굶을 걱정 따위는 하지도 않았습니다. 근심하는 사람들로 보였겠지만 항상 기뻐했습니다. 가난하게 살았지만 많은 사람들을 부요하게 했습니다. 아무것도 가지지 않으면서도 많은 이들에게 희망을 주었습니다. 우리는 이름 없는 무명의 신학자들, 목사들, 대학 교수들이었는데, 감옥에 갔더니 일등 죄수 취급을 받았습니다. 외국에 나갔더니 세계 기독교의 영웅 대접을 받았습니다.

민중신학은 죽었나?

서남동 목사님과 안병무, 현영학 선생님들 덕분에 저는 1996년 이화여대에서 정년 은퇴하고 곧바로 저의 신학교 모교인 뉴욕의 유니언 신학대학원 초빙교수로 불려 가서 한국의 민중신학과 아시아 신학을 강의했습니다. 여기 계신 권진관 박사가 졸업한 드류 신학대학원에까지 불려가 한국의 신학을 강의하다가, 미국의 기독교 고등교육 재단의 아시아 사무실을 홍콩에 열어달라는 부탁을 받고 홍콩에서 일하다가 지난해 은퇴하고 귀국했습니다.

미국과 아시아에서 많이 듣는 질문이 이런 것이었습니다. "왜 미국 신학대학에 공부하러 온 한국 학생들은 민중신학에 대해서 하나도 모르고 있는가? 우리 미국 학생들이 읽고 알고 있는 책도 전혀 모르고 있던데 어떻게 된 것 입니까?" 그런데 "그런 학생들이 박사학위 논문은 모두 한국의 신학, 특히 모른다고 하던 민중신

학에 대해서 쓴다고 하는데, 어떻게 된 노릇입니까?" "민중신학은
이제 끝장났다고 하는데 사실 그렇습니까? 남한은 이제 제3세계
라고 할 수 없지 않습니까? 남한에는 민중이 아직 있습니까? 당신
은 민중이라고 자처합니까?"

이런 질문을 받을 때마다 부끄러웠습니다. "우리 민중신학이 죽
은 것 같지만, 보시오, 살아 있습니다"라고 큰 소리로 바울처럼 말
하고 싶은데 그게 잘 안 됩니다. 민중신학은 죽어도 되고, 또 죽어
야 한다. 민중이 없어지면, 민중신학도 필요 없어지는 것이 아닌
가 하고 말하면서도, 또한 민중이 경제 발전과 함께 없어지기를 바
라는데도, 경제발전을 자랑하면 자랑할수록, 우리나라와 제3세계
에는 민중이 수적으로 증가할 뿐 아니라, 빈부의 격차는 날로 커지
고 삶의 질이 더욱 열악해지는 것을 보면서, "보시오, 민중은 죽지
않았고, 따라서 민중신학이 죽을 수 없소" 하기가 부끄럽고 민망
해지기 때문입니다.

민중의 탈을 쓰고, 다시 탈춤 판으로

오늘 이 자리를 위해서 설교하라고 해서 준비하느라
고 이화여자대학교 도서관에서 서 목사님의 《민중신학의 탐구》를
대출해서 다시 읽었습니다. 그런데 이 헌 책의 마지막 장에 어떤
독자가 쓴 글이 있었습니다. "내가 비록 눌린 자이고, 배고프고 가
난한 자라 할지라도, 하나님은 오직 눌린 자만의 하나님이고, 주
기도문은 가난한 자만의 것이라면 (그리고) 예수님은 우리의 정치
적 · 경제적인 해방자이시고 천년 왕국에 이르러 눌린 자가 누르

는 자가 될 때, 그때 예수님이 우리의 왕 노릇 하신다면……. 그리고 인간의 이성과 지성으로 완전히 정복할 수 있는 하나님이 인간의 과학적 탐구대상이 되어 우리의 논리적 방법으로 완전히 이해되어 버린 그런 하나님이시라면, 나는 결코 하나님을 사랑하지도 믿지도 않겠다. 설사 지옥에 간다 하더라도 왜냐하면 하나님을 모두 이해해 버린 인간은 하나님보다 몇 배나 위대한 존재일 테니까!"(어느 독자)

바로 그 밑에 이런 글이 적혀 있었습니다. "아기야, 너의 지나친 걱정은 필요 없단다." 그리고 '하느님'이란 서명이 있었습니다.

서남동 목사님 이후에 제2, 제3 세대 민중신학자들이라는 젊은 이들의 논의와 탐구를 읽으면서 다시 한번 바울 선생님이 고린도 교회에 보낸 편지를 생각하게 됩니다. 그리고 바울 선생님의 편지 흉내를 내 보았습니다.

"우리는 민중을 아는 것 같지만 사실 잘 모르고, 민중을 모르는 것 같지만 사실 몸으로 체험해서 잘 알고 있고, 우리는 민중을 말하지만 민중은 아니고, 신학을 아는 것 같지만 사실 잘 모르고, 신학을 하는 것이 아니라 사회학을 한다고 하지만 사실 신학을 하고 있고, 우리는 하나님도 성령도 모르는 신학자라고 하지만 하나님을 몸으로 민중과 함께 체험했고, 성서를 '참고서' 정도로 알고 있고 성서에 대해서 무식한 것 같지만 사실 가장 성서적이고, 우리는 맑스주의자들, 그것도 누구 말대로 '어정쩡한' 맑스주의자들 같지만 맑스를 비판적으로 넘어섰고, 철학도 기반도 없는 것 같고 '반신학反神學'을 내세우지만 우리는 기독교 신앙의 기반을 두고, '믿었노라, 그리하여 말하였노라', 그래서 철학적 순교의 길을 선택하였고, 부활과 영생을 안 믿는다고 비난을 받고 이단이라는 말까지 듣지만 민중과 함께 일어나서 부활을 경험하였습니다. 우리는 죽은 것 같지만, 보십시오, 이렇게 살아 있지 않습니까?"

이러한 바울의 논리, 아니 반反논리는 한국 봉산 탈춤, 현영학 선생님이 좋아하시던 탈춤의 논리입니다. 우리는 다시 하나님의 탈, 예수님의 탈, 민중의 탈을 쓰고 탈춤 판으로 나가야 한다고 생각합니다.

민중신학자들, 서남동 목사님과 안병무 · 현영학 박사님들의 삶과 신학을 기념하고 축하하는 민중의 탈춤 판에 다시 뛰어들어야 하겠습니다. 우리의 노래는 "보시오, 우리 아직 살아 있네요. 짱, 우리 아직 살아 있어요. 서 목사님이 좋아 하시던 송대관의 노래, '쨍하고 해뜰 날 돌아오겠네' 이 노래에 발맞추어 탈춤 판으로 뛰어들어야 하겠습니다."

아멘.

현영학 선생님 영전에

2004년 4월 14일 현영학 교수 묘지에 서서
고린도후서 4:8-9

선생님 장례식은 반드시 제가 치른다고 마음먹고 있었는데, 결국 외국에 살고 있는 바람에 그 일도 제대로 못 해드렸습니다. 사실 제가 목사 안수를 받은 것도 선생님 장례식을 해드리려고 어렵사리 신학교를 다시 다니고 교회 일도 맡아 보았는데, 너무 아쉽고 미안하게 되었습니다.

그래도 이렇게라도 묘비 제막식에 추모예배 형식으로 윤 선생님의 배려로 예배 인도라도 할 수 있는 기회가 생겨 고맙게 생각하고 있습니다. 사실 선생님 묘비도 제가 쓰려고 해직당하고 있을 때 란곡 선생님에게 사사하면서 붓글씨도 배웠는데 그것도 못 하고 말았습니다.

선생님을 추모하면서, 선생님에 대한 이야기, 참 많습니다. 무엇부터 해야 할지 갈피도 잡기 어렵습니다. 우선 오늘 읽은 성경 말씀부터 말하겠습니다. 선생님은 바울 선생의 이 편지 구절을 좋아하셨습니다. 선생님이 여러 가지 어려운 가운데서 위로받으신 구절이기도 했지만, 선생님의 선생님이신 미국 유니언 신학대학 원의 니버Reinhold Niebuhr 교수가 좋아하는 구절이어서 좋아하신다 는 말씀을 한 적이 한두 번이 아니었습니다.

"우리는 아무리 짓눌려도 찌부러지지 않고 절망 속에서도 낙심하지 않으며 궁지에 몰려도 빠져 나갈 길이 있으며 매 맞아 넘어져도 죽지 않습니다."(고후 4:8-9)

선생님은 그야말로 부드러운 성품을 지니신 유연한 지성인이었 습니다. 유동식 선생님의 표현대로라면, 그야말로 나긋나긋한, 버 드나무 가지 같고, 참대나무처럼 바람에 휘몰리면서도 결코 부러 지지 않는 부드러우면서도 강인한 지성의 소유자였습니다.

언젠가 1970년대 초 4 · 19 무렵에 대강당에서 설교하시면서 4 · 19와 5 · 16을 비교하신 일이 있습니다. "둘이 다 같은 혁명인 데 둘은 물과 기름처럼 전혀 다른 것이다." 그것이 말씀의 내용이 었습니다. 선생님은 그날 오후 밤늦게까지 정보부 사람들에게 무 시무시한 조사와 협박을 받았습니다. 그 이후 선생님은 이화여대 에서 해직될 때까지 군사 독재에 항거하는 수많은 성명서를 기초 하셨습니다. 선생님의 글은 항상 부드러우면서도 강인하고 정연 한 논리가 들어 있는 참대 칼날 대쪽 같은 필치였습니다.

바울 선생님의 편지에 눈에 띄는 구절이 있습니다.

"나는 믿었다. 그러므로 나는 말한다." 이 말은 바울 선생이 창세기와 시편에서 인용한 구절입니다.(4:13) "나는 생각한다, 그런고로 나는 존재한다"라고 말한 데카르트가 연상되는 구절입니다.

현영학 선생님은 생각만 하는 지성이 아니었습니다. 믿음이 없는 것 같은데 강인한 믿음이 있는 신앙인이었습니다. 그래서 "나는 믿는다. 그런고로 나는 말한다." 선생님의 발언은 바로 행동이었습니다. 믿음과 언행이 일치하는 행동하는 지성인, 행동하는 신앙인이었습니다.

선생님은 또한 예술가였습니다. 선생님이 서양의 고전음악을 좋아하시는 것은 세상이 다 알고 있습니다. 그래서 음악을 전공하신 윤 선생님과 사랑에 빠진 게 틀림없습니다. 그런데 그 서양음악 고전 애호가인 현 선생님이 70년대 운동권 학생들이 추는 탈춤을 보고 나서는 "역시 나는 한국 사람이다"라고 선언하시고, 한국 탈춤을 보면서 처음으로 어깨가 들썩거린다는 고백을 하셨습니다. 그리고 한국 탈춤에 대한 논문을 몇 편인가 쓰기도 하셨습니다. 겉으로는 부드럽고 수줍고 얌전하신 목사 아들 우등생에 품행 방정한 선생님이 미국 하버드 대학의 하비 콕스Harvey Cox 교수의 *Feast of Fools*(바보들의 잔치)라는 책을 읽고서는 "해학의 신학", "환하게 웃는 예수의 모습"을 쓰시기도 했습니다. 그러면서 선생님의 신학 경지는 깊어 갔습니다.

선생님의 노래 솜씨를 아는 분은 별로 없는 것 같습니다. 아마 윤 선생님 정도가 아닌가 생각합니다만, 저와 제 집사람은 너무도 잘 알고 있습니다. 바로 40년 전에 저희 두 사람의 결혼식에 윤 선생님이 피아노 반주를 하시고 현 선생님이 축가를 불러주셨기 때

문입니다. 'Oh Promise Me'라는 곡목의 노래였습니다. 결혼식에
오신 하객들 중 어떤 미혼 선생님들은 현 선생님이 축가를 불러 주
시면 이제라도 결혼하겠다고 할 정도로 명창이었습니다.

현 선생님은 부드러운 성품에 결코 과격하거나 성급한 혁명가가
아니라고 생각하는 분들이 많습니다. 그런데도 선생님은 군사정
부와 한국 교회가 그렇게도 싫어하는 해방신학과 민중신학을 하
셨습니다. 어떤 분들은 현 선생님은 안 그런데 서남동 목사나 안병
무 박사 같은 신학자들과 어울려 다니다가 저렇게 되었다고 하는
이들도 더러 있습니다. 사실은 그게 아니라 그런 분들이 현 선생님
의 영향을 참 많이 받았습니다. 현 선생님의 영향은 예리한 분석과
뛰어난 통찰력이었습니다. 그리고 깊이 있고 친절한 비판이었습
니다. 비판하지 않는 것 같은데 정확하고 예리한 논리를 부드러운
말투로 비판하고 있는 것을 한참 뒤에야 느끼는 분들이 많았습
니다.

저는 가까운 친구들이나 선후배들에 대해서 실망할 때가 많았습
니다. 선생님과 대화하면서 불평을 늘어놓으면 "너는 안 그런 줄
아니?"라는 말씀을 "이 세상에 자기 이해를 추구하지 않는 사람이
있는 줄 아니?"라고 부드럽게 한 침 찔러 주시는 것이었습니다.

제가 많은 후배들에게 되풀이 들려주는 말이 있습니다. 제가 40
대 약관에 선생님 대를 이어 이화여대 문리대 학장에 임명된 일이
있었습니다. 선생님께서 학장실을 비워 주시고 떠나시는 마당에
선생님의 충고를 부탁드렸습니다. 선생님은 저를 물끄러미 쳐다
보시더니 "잘할 거야" 하시고 입을 다무시는 것이었습니다. 저는

포기하지 않고 한 말씀 부탁드렸더니, 한참 생각하시다가 이렇게 말씀하셨습니다. "학장이라는 자리에서 윗사람만 쳐다보지 말고 아랫사람들을 쳐다보라. 아랫사람들의 말을 귀담아 듣고, 아랫사람들과 이야기하고, 아랫사람들의 사정을 살펴라. 교수들 편에 서고 학생들 편에서 생각하고 말하라." 선생님은 이대에 재직하시는 동안, 아니 이대를 떠나신 다음에도 학교 수위들과 운전기사들과 청소부 아주머니들의 아버지요 형님이요 아저씨이고 선생님이었습니다. 집안 사정, 직장 사정, 걱정거리, 좋고 궂은 일, 모두 선생님을 찾아가 뵙고 사정하고 도움을 청했습니다. 선생님은 신학자만이 아니라 민중의 친구였습니다.

저는 사랑과 우정에는 현실과 환상이 적어도 반반씩 섞어야 한다고 생각합니다. 친구의 현실적인 모습만가지고는 친구가 되기 어려운 게 아닌가. 친구에 대한 환상이 있으니까 친구도 되고 사랑도 하고 애정과 우정을 유지하는 것이 아닌가 생각합니다. 저는 현선생님이 저를 후배로, 친구로 사랑을 아끼지 않으시고 끝까지 우정을 지켜 주신 것은 저의 현실—내 벌거벗은 모습은 별로 보지 않고, 저에 대한 선생님의 환상—저에 대한 기대와 믿음과 저의 부족한 가능성에 대한 환상으로 저에 대한 사랑을 버리지 않으신 것 같은 생각이 듭니다.

선생님은 냉철한 분이셨고 별로 정을 주지 않았던 분이라는 평을 많이 듣습니다. 선생님은 인간의 벌거벗은 죄인의 모습을 꿰뚫어 보시는 냉철한 분이십니다. 그러나 결코 사람을 겉으로 보고 판단하고 비판하고 비웃거나 야단치는 분이 아니었습니다. 인간의 현실, 세상의 현실, 현실 경제, 현실 정치를 냉철하게 보시면서도, 인간에 대한 환상들, 인간들의 가능성, 역사와 세상에 대한 희망을 결코 버리지 않는 분이었습니다. 환상의 지성, 꿈이 있는 지성, 음악이 있는 신학자, 한국 탈춤을 보면서 어깨를 들먹거리는 멋쟁이 선생님이셨습니다.

"나는 믿는다. 그런고로 말한다." 선생님의 부드러운 음성, 그러나 강인하고 투명한 선생님의 눈매가 오늘 더욱 그립습니다.

예수의 떠돌이 목자들

2009년 9월 28일 문동환 박사 출판기념회 설교
마태복음 10:5-15

지난 9월 7일, 서대문에 위치한, 기독교사회문제연구원의 건물을 새로 단장하는 축하 모임에서 문동환 목사님이 특별 강연을 하셨습니다. 강연 제목은 "한국 교회에 고함"이었습니다. 오랜만에 귀국하셔서 한국 교회를 향해 무슨 '고함'을 지르시려나 몹시 궁금했습니다. 그런데 강연의 말씀은 주로 '떠돌이' 이야기였습니다. 구약성서의 합비루, 히브리 민족은 유목민으로서 아브라함의 시대부터 떠돌이였다는 이야기에서 시작해서 한국의 민중 신학이 말하는 민중 역시 떠돌이라는 이야기로 일관하셨습니다. 떠돌이 신세를 모르고서는 성서와 기독교를 이해하지도 실천할 수도 없다는 말씀이었습니다.

문동환 목사님의 자서전의 제목을《떠돌이 목자의 노래》라고 한 것은 너무도 자연스러운 것이라고 생각합니다. 저는 사실 개인적으로 목사님 자서전 제목이 좀 더 민중적으로 해서《떠돌이 목동

의 노래》아니면, 미국에 오래 사셨으니까,《떠돌이 카우보이의 노
래》라고 해도 좋았을 거라고 생각했습니다. 구약성서의 다윗 왕도
목동이었고 선지자 아모스도 양 떼를 몰고 다니던 목자였습니다.
예수님 탄생의 소식을 천사에게서 직접 들은 사람들은 들에서 밤
새 양을 돌보던 목동들이었습니다. 떠돌이 목동들은 베들레헴으
로 찾아가서 아기 예수를 처음으로 찾아뵙고(눅 2:8-20), 경배하
고, 이 사실을 사람들에게 알려주고 하나님께 영광을 돌리며 그를
찬미하였습니다.

오늘 봉독한 성경 말씀은, 예수님께서 12제자를 전도 여행으로
파송하는 장면입니다. 외국에 나가서 전도할 생각하지 말고 "다만
이스라엘 백성 중의 길 잃은 양들을 찾아 가라"(마 10:6)고 하십니
다. "가서 하나님 나라가 다가 왔다고 선포하여라"(7절) 하십니다.
"예수 천당, 불신 지옥"이 아닙니다. "앓는 사람은 고쳐 주고, 죽
은 사람은 살려 주어라. 나병환자는 깨끗이 낫게 해 주고, 마귀는
쫓아내어라. 너희가 거저 받았으니 거저 주어라."(8절)

"여우도 굴이 있고 나는 새도 둥지가 있지만, 나는 머리 둘 곳도
없다"고 하신 예수님은 제자들에게 자기가 하는 것처럼 빈손으로
나가라고 명령하십니다. 가난한 거지꼴로 전도하러 나가라고 하
십니다. "전대에 금이나 은이나 동전을 가지고 다니지 말 것이며
식량 자루나 여벌옷이나 신이나 지팡이도 가지고 다니지 말아라"
(9, 10절)고 하십니다. 전도하며 돌아다니다가, "어디서든지 너희
들을 받아들이지도 않고, 말도 듣지 않거든, 그 집이나 그 도시를
떠날 때, 발에 묻은 먼지를 털어 버리라"(15절)고 하십니다.

독일의 신약신학자 타이센은 그의 책《예수 운동의 사회학》에서 예수님과 제자들은 떠돌이 전도자 혹은 설교자들이었다고 합니다. 이 마을 저 마을 찾아다니며 자신을 영접하는 집에 머물면서 예수님의 복음을 전하고 숙식을 같이 하고 동네 사람들을 모아 놓고 설교하는 일을 했다는 것입니다. 떠돌이 전도자들을 영접하고 설교를 들은 집 사람들이 주동이 되어 믿음의 공동체를 만든 것이 교회의 시작이라는 것입니다. 그러니까, 교회 공동체는 떠돌이 전도자들을 영접하고 복음을 전하는, 복음의 근거지가 되었던 것입니다.

오늘날 우리 교회에는 떠돌이 전도자가 있는가 물어보게 됩니다. 돈도 없고 전대 자루도 지팡이도 먹을 것도 없이 훌훌 떠돌아다니며 자유롭게 이 마을 저 마을 다니면서 하나님의 말씀을 전하는 전도자가 있을 수 없게 된 것 같습니다. 우선, 한국의 마을 사람들은 '간첩'이 아닌가 의심한 나머지 경찰에 신고해서 잡아 가둘 것이 틀림없습니다. 이젠 우리에게 떠돌이 전도자가 없습니다. 모두 다 자리를 잡고 교회 사택에서 호의호식하면서 평생 한 교회에 눌러앉아 교회 크기를 늘리고, 잘되면 아들 손자에게까지 교회를 세습하려고 합니다. 그리고 떠돌이 교인들을 환영하지 않습니다. 예수님은 지극히 작은 자 하나라도 영접하는 것이 당신을 영접하는 것이라고 하셨지만, 우리는 떠돌이 예수님을 영접하지 않습니다. 오히려 우리는 예수님을 교회 밖으로, 성밖으로 추방합니다. 예수님 없는 교회들은, 떠돌이들, 배고픈 사람들, 병든 사람들, 장애인들, 가난한 사람들, 독거노인들, 이민 노동자들, 다문화 가정의 식구들을 모두 쫓아내고 있습니다.

떠돌이 생활을 하고, 떠돌이 경험을 한 사람만이 떠돌이의 신세를 압니다. 야훼 하나님께서는 이스라엘 백성들을 애굽의 노예생활에서 해방시켜 주시면서, 애굽의 노예생활 하던 때를 잊어버리지 말고 노예들을 해방하고 떠돌이들을 돌보라고 명령하십니다. 문동환 목사님과 우리 세대는 일제 치하 노예생활을 뼈아프게 경험하였습니다. 문 목사님과 우리는 한국전쟁 피난민으로 고향을 떠난 떠돌이들입니다. 떠돌이의 아픔과 외로움과 슬픔과 고향에 대한 그리움으로 떠돌이들의 아픔을 받아들이고 함께 울고 함께 웃고 이야기하며 살 수 있습니다. 목사님은 그렇게 사셨습니다. 문동환 목사님은 그의 자서전을 통해서 우리가 떠돌이라는 것을, 오늘 여기 모인 대부분의 손님들은 목사님과 같은 떠돌이 목자, 떠돌이 동역자 들이라는 것을 일깨워 주십니다.

그리고 우리는 근본적으로 하늘나라를 고향으로 하고 이 세상에 떠돌아다니는 떠돌이 인간들입니다. 그래서 우리는 "인생은 나그네 길, 어디서 왔다가 어디로 가는가" 하며 한숨 섞은 소리로 노래합니다. 바울 선생님은 우리는 이 세상에 살지만, 이 세상에 속해 있는 것이 아니라고 말씀하셨습니다. 우리의 본향, 우리 모두의 본적지는 하늘나라이기 때문입니다. 우리는 영원한 떠돌이입니다. 그래서 우리는 이 세상에 정일랑, 미련일랑 두지 않습니다. 이 세상에 집착하지 않습니다. 우리는 쉽게 마음을 비우고 떠돌이 생활을 청산하고 우리의 본고향, 하늘나라를 향해 떠나갈 수 있습니다.

　문동환 목사님의 책 이름이 《떠돌이 목자의 노래》라는 말을 듣고, 오늘 제 설교 끝에 노래를 하나 부르고 싶었습니다. 저는 우리가 모두 잘 아는 유행가 〈하숙생〉을 부르고 싶었습니다. 그런데 우리 점잖은 문 목사님 손님들 앞에서 용기가 나지 않았습니다. 그 대신, 이호운 목사님이 지으신 찬송가 〈부름 받아 나선 이 몸〉을 부르기로 했습니다. "떠돌이로 나선 이 몸"이라고 시작해도 좋을 것 같습니다. 이제 다 함께 순서지에 있는 찬송가를 부르시는 것으로 제 말씀을 마치겠습니다.

철저한 평신도 신학자
김활란 박사

1995년 2월 7일 이화여대 동창회

　김활란 박사님을 제가 처음 뵌 것은 1963년 봄 제 모교인 뉴욕 유니온 신학대학원 강의실에서였습니다. 대형 강의실에서 이 학교 최고의 명강의를 하는 교수의 강의가 끝나고 나오다가 선생님을 뵙고 인사를 드렸습니다. 선생님은 그 당시 새 정권(박정희 정권)의 교육정책에 따라 총장직에서 '조기 은퇴' 하시고 잠시 휴양차 우리 학교 총장의 초청으로 오셨던 것입니다.

　강의실에서 나오는 길에 저는 선생님에게 접근하여 자기 소개를 하는 인사를 드렸습니다. "야, 당신이 미스터 서요. 아니 왜 일 잘하는 사람을 유혹해서 약혼 같은 것 하구 그래요?" 난생 처음 뵙는 어른이 하시는 말씀으로서는 어렵기 그지없었습니다. 독신주의자라 역시 제자들의 결혼도 싫어하신다는 소문대로구나 생각했습니다. 저는 머리를 긁으면서 "힘들었습니다. 일하는 것이 결혼보다 더 중요하다고 생각하는 사람이더군요." 김활란 선생님은 그 당시

제 약혼자인 함선영을 말씀하시고 계신 것이었습니다. 함선영은 이대 졸업 직후부터 김활란 총장실의 비서로 근무하고 있던 터에 미국 감리교회의 십자군 장학금을 받고 미국에서 유학하고 있었습니다. 김활란 총장님의 배려로 된 것인데, 함선영은 미국 대학 재학 중 저와 만나게 되어 이대로 돌아가기 전에 저와 약혼을 했습니다. 저는 약혼자의 상사를 같은 신학대학원 강의실에서 뵙는 것도 좋았지만, 한국의 저명한 여성 지도자이시며 이대 총장님을 이렇게 가까이 모신다는 것이 더 이상 영광일 수 없었습니다.

더욱 자랑스러웠던 것은, 세계 다른 나라의 많은 저명인사들이 우리 학교를 방문하고 휴양차 뉴욕으로 오지만, 학생들이 모이는 강의실에 와서 강의를 듣는 일은 보기 드문 일이었기 때문입니다. 김활란 총장님은 한복을 단정하게 입으시고 강의실에 착실하게 나타나셨고 강의 노트까지 하시는 것이었습니다. 그리고 신학 공부를 시작한 지 얼마 되지도 않은 저를 붙들어 앉혀 놓고 신학 토론까지 하시는 것이었습니다.

선생님은 우리 신학대학원의 아주 작은 아파트에 드셨습니다. 부엌이 딸린 거실에 고작 침실 하나가 선생님의 자유로운 공간이었다. 선생님은 자리를 잡으시자마자 저를 불러서 냄비며 식사용 그릇이니 수저 등을 사다 달라고 부탁하셨습니다. 저는 컬럼비아 대학 근처 브로드웨이에서 싸기로 유명한 울워스 잡화상에 가서 아주 튼튼하고 쓰기 좋은 값싼 물건들을 사왔습니다. 선생님은 제가 사온 물건들이 마음에 드셨는지 미소만 지으시고 별 말씀이 없으셨습니다. 석 달 동안만 계신다고 했으니 비싼 물건은 필요 없을 것이라고 생각하고, 총장하신 분이라고 해서 반드시 고급 물건을 사다 놓을 필요가 없다고 생각했습니다. 더구나 국수 그릇이니 김치 담을 그릇이 뭐 그리 비쌀 필요가 있으랴 하는 것이 제 속내였습니다.

선생님 오셨다는 소식에 이대 졸업생들이라고 하는 중년 부인들이 나타났습니다. 선생님은 저를 불러서 그들에게 "함선영이 약혼자야" 하시며 자랑스럽게 소개하시는 것이었습니다. 졸업생들은 모두 다 제 약혼자를 잘 알고 있었습니다. 그리고 김활란 선생님은 준비하신 음식을 내어 놓으시면서 "여기 이 그릇들은 모두 미스터 서가 사다 준 거다" 하시며 웃으셨습니다. 그러자 그 졸업생들은 약속이나 한 듯이 일제히 큰 소리로 웃는 것이었습니다. 한 졸업생은 "아니 처녀 세간을 총각이 장만했단 말씀이예요" 하며 소리를 지르며 버릇없이 웃었습니다. 나는 몹시 못마땅했지만, 나중에 들은 이야기인즉 내가 사온 식기들이 너무도 선생님에게 어울리지 않은 투박한 것들이었기 때문에 그렇게들 웃었다는 것입니다.

선생님은 저녁 약속만 없으시면 저를 선생님 저녁 식탁에 초대하시는 것을 즐겨 하셨습니다. 선생님은 요리하시는 것을 좋아하셨고 음식 솜씨도 아주 훌륭하셨습니다. 한번은 전화로 저녁 초대를 하셨습니다. "미스터 서, 오늘 저녁 다른 약속 없으면 저녁 먹으러 와요." 저는 다음날 희랍어 시험에 걸려 있었습니다. 밤을 새어 가며 준비해야 할 과목이어서 저녁 시간을 한가롭게 보낼 수 없다고 생각했습니다. 정중히 이유를 말씀드리고 사양했습니다. "미스터 서, 나는 내 60 평생에 내가 초대하는 저녁을 거절하는 사람,

남자고 여자고 처음 봤소. 시험을 보는 사람이면 먹을 것 잘 먹고 해야 돼. 어서 와요.” 난감했지만 선생님은 계속 농담어린 어조로 미안해하고 안타까워하는 저를 위로하셨습니다. (다음날 아침 희랍어 시험에 아깝게도 96점을 맞았던 기억이 납니다. 저녁 초대에 응했더라면 100점을 맞았을지도 모른다는 생각에 당황했었던 것 같기도 합니다.)

선생님은 뉴욕에 계시는 동안 브로드웨이 뮤지컬은 물론 브로드웨이로 연극 구경 가시는 것을 즐겨하셨습니다. 선생님을 모시고 연극 구경 갔을 때 선생님은 큰소리까지 질러가면서 연극에 몰두하셨습니다. 평소 근엄하신 분이 식사를 준비하실 때는 노래를 부르면서 즐거워하시고 함께 식사를 나누시면서도 보통 할머니처럼 더 먹으라고 강권하시고 사양하면 손수 퍼주시는 자상하신 모습에 감탄했지만, 구경에 그렇게 몰두하시는 모습을 보면서 선생님의 자유로우신 면에 감동을 받을 수 있었습니다.

뉴욕 방문을 마치시고 귀국하시면서 제 약혼자에게 보낼 선물이 없느냐고 물으시는 것이었습니다. 어른에게 그런 부탁을 드린다는 것, 엄두도 못 내고 있었는데 다시 한 번 놀랐습니다. 간단한 쇼핑을 해서 모식 스웨터 하나와 장신구 한두 짐인가를 사시 선생님께 보여드렸습니다. 아무리 고학생이라도 선생님 선물도 하나 샀어야 했는데 그것을 못해 드린 게 아직도 한스럽습니다. 어른에게 선물을 한다는 것은 실례라고 생각한 사람이었기 때문입니다. 선생님은 제가 약혼자를 위해서 한 쇼핑을 칭찬하셨습니다.

선생님은 귀국하시자마자 공항에 마중 나온 비서인 함선영에게 맨 먼저 제가 보낸 선물을 내어 놓으셨다고 합니다. 그리고 제 칭찬을 사람들 앞에서 하셨다는 것을 약혼자의 편지를 통해서 전해 들었습니다. 선생님의 마음에 드시면 후배의 결혼을 반대하지만은 않으신다는 소문도 퍼졌다는 이야기입니다.

선생님은 뉴욕을 떠나시기 전에 제 진로를 물으셨습니다. 한국을 떠난 지 오래되고 한국에서 대학을 나온 것도 아니고 해서 미국에서 대학 교수하면서 살 계획을 말씀드렸습니다. 선생님은 안 된다고 하셨습니다. "이화에 나오시오. 이화에 나와서 함선영하고 결혼하고 한국에서 일할 생각하시오." 아주 단호한 말씀이었습니다.

저는 신학대학원 2학년을 마치고 학교의 해외 연수 프로그램으로 1년간 이화대학 교목실에 연수생으로 근무하기로 하고 귀국하였습니다. 그것이 1964년. 함선영과 저는 중강당에서 결혼식을 올렸습니다. 김활란 선생님은 물론 김옥길 총장님도 결혼식에 하객으로 나와 주셨습니다. 현영학 선생님이 축하 독창을 하시고 사모님 되시는 윤보희 선생님이 반주를 해주시는 사랑을 받았습니다.

이화여대 근무를 마치고 학교로 돌아가는 인사를 드리면서 저의 목사 안수에 대해서 선생님과 대화를 나누었습니다. "목사 안수를 받는 것이 이화에서 일하는 데 도움이 되지 않을까요?" 이것이 제 질문이었습니다. 선생님의 대답은 의외였습니다. "목사 같은 거 안 돼도 돼." 아주 단도직입적이고 충격적인 대답에 놀랐습니다. 선생님의 말씀은 거의 항상 간단명료하고 분명하셨지만, 이토록 강경한 말씀은 의외였던 것입니다. 저는 1982년 해직당했을 때 나이 쉰 살에 목사 안수를 받았습니다.

아직도 선생님의 말씀을 음미합니다. 왜 선생님은 "목사 같은 거 안 돼도 돼" 하고 말씀을 하셨을까. 목사들이 어떻게 행동을 했기에, '전국복음화 운동'과 '파키스탄 선교사 파송운동'을 벌였던 선생님이 어떻게 '목사 혐오증' 비슷한 말씀을 하셨을까? 선생님은 무엇보다도 평신도로서 우리나라 목사들에 대해서 비판적이었던 것 같습니다. 선생님이 그렇게 말씀하셨을 때, 저는 감히 왜 그렇게 말씀하셨는지 되묻지 못하였지만, 우리 목사들이 가슴에 새기고 반성해야 할 말씀이라고 생각합니다.

선생님을 처음 뵈었을 때 우리말로 번역 출판된《그 빛 속의 작은 생명》의 영문 원고를 읽었습니다. 젊은 신학생인 저에게 원고 뭉치를 주시면서 "잘 읽어 보고 솔직한 비판 좀 해줘요" 하시는 것이었습니다. 저는 이 글이 반드시 출판되어야 한다고 말씀드렸습니다. 그리고 선생님의 이화학당 학생시절 있었던 기도 속의 회심 경험을 감동적으로 읽었다고 말씀드렸습니다. 냉철한 이성의 소유자이신 선생님의 학생시절, 맹목적인 신앙과 "덮어 놓고 죄를 회개하라"는 목사들의 설교에 반발한 끝에 하나님과 직접 대결하기 위해서 철야 기도를 단행했던 것입니다. 땀 흘리며 밤을 새며 기도하던 끝에 그가 본 환상은 도탄에 빠져서 구원을 요청하는 한국 여성들의 모습이었다는 것입니다. 그리고 그가 들은 음성은 한국 여성들을 위하여 일하라는 명령이었습니다.

김활란 선생님의 신앙은 자기 자신만을 위한, 천당 가기 위한 신앙이 아니었다고 봅니다. 선생님의 기독교 신앙은 선교적 신앙이었습니다. 한국 여성들을 도탄에서 건져내어 구원하기 위한 일을 하는 실천적인 신앙이었습니다. 한국 여성을 위한 선교적 실천을 선생님은 여성 교육에서 구현하셨던 것입니다. 이화를 통한 여성 교육은 그의 기독교 신앙에서 우러나온 실천이며 선교였던 것입니다. 한국 여성을 가난과 무지에서 건져내는 일을 기독교 신앙의 실천이라고 확신했던 것입니다. 그래서 그의 신앙은 구체적이고 현실적이며 결코 추상적이거나 내세적이고 환상적인 것이 아니었습니다.

선생님은 평소에 여성 해방을 말씀하시면서 한국 농촌에 대한 관심을 피력하셨습니다. 그의 컬럼비아 대학에서의 박사학위 논문은 한국 농촌진흥을 위한 연구였습니다. 당시의 한국 지성의 희망과 고민을 학문적으로 피력한 논문으로 기억합니다. 그래서 선생님은 대학의 총장으로서 농촌전도단을 조직하고 직접 시골을 누비면서 전도 연설을 하시고 다니셨습니다. 그 과정에서 선생님은 일경의 감시와 저지와 수모를 수없이 당하기도 하셨습니다. 그리고 우리 학생들이 농촌 봉사에 참여하기를 권장하셨고 농촌 봉사를 선택과목으로 설정하여 여름과 겨울 방학을 이용하여 수백 명의 학생이 농촌에서 일하며 가르치며 배우는 일을 하도록 하셨습니다.

지금 시대 말을 빌리자면 김활란 총장님은 '운동권 총장' 이라는 말을 들을 만한 분이셨습니다. 선생님의 기독교 신앙은 실천적인 것이었으며, 한국 여성의 해방과 농촌진흥을 위한 실천에 그 초점이 있었던 것입니다. 그리고 성직자의 자리에서 기독교 신앙을 본

것이 아니라 평신도의 입장에서, 설교하는 입장이 아니라 실천하
는 입장에서 기독교 신앙을 행동으로 옮겼던 것입니다. 높은 자리
에 계시면서도 높은 자리에 앉아 있는 사람들의 자리에서가 아니
라 낮은 자리에 있는 사람들의 입장에서 일하시고 기도하시고 신
앙을 실천하신 분이었습니다. 선생님의 모습과 교육과 자리는 '귀
족'의 그것이었지만, 그의 생활과 실천은 '낮은 자리'에 있는 사
람들과 친구였던 예수님의 그것이었다고 말하고 싶습니다.

　김활란 선생님의 신학적 입장을 사람들은 여러 가지로 평가합니
다. 어떤 이는 단순한 복음주의적인 보수 신앙으로 처리하기도 합
니다. 물론 선생님의 신앙의 깊이를 헤아리기는 어렵습니다. 선생
님의 신앙심과 영성靈性은 그의 노래와 글과 시에 잘 나타나 있습
니다. 결코 단순하게 "교회 다니고 예수 믿고 천당 가고, 기도해서
복을 얻는다"는 초보적 신앙이 아니다 지성과 영성이 조화된, 그
리고 믿음과 사랑이 희망과 연결된 깊이 있는 신앙이라고 생각합
니다. 선생님은 결코 지성을 포기한 신앙을 실천하거나 말씀하시
지 않으셨습니다. 1920년대 그 어려운 시절에 한국의 저명한 젊은
신학자들과 함께 '적극신앙단'이라고 하는 진보적 신학 동인회에
가담하신 것은 이러한 사실을 잘 말해 주고 있습니다.

　"목사 같은 거 안 돼도 돼." 선생님의 날카로우셨던 음성이 제
영혼을 다시금 일깨우는 것 같습니다.

김옥길 선생님 무덤 앞에서

2009년 8월 25일

선생님, 오늘은 8월 25일입니다. 선생님이 저희들 곁을 떠나신 지도 18년이 지났습니다.

지난 4월, 신촌 동네 뒷동산에 꽃들이 만발할 때, 선생님 생신날 선생님 냉면집, '옥동 면옥'에서 생신잔치 하면서 선생님을 기억하고 그리워하는 많은 이들이 모여서 선생님 이야기, 그리고 우리 모두 늙어 가는 이야기, 선생님 계신 하늘나라에 가는 날이 가까워 온다는 이야기, 많이들 했습니다. 그런데 선생님 계신 곳에 가서 반갑게 만나 뵐 수 있을까, 속으로 은근히 걱정들 하면서요.

우리 모두 하늘나라에 하루하루 가까이 간다고 하면서도 하루하루 이 세상에 집착한 생활이 너무 너무 바쁘고 분주해서 하늘나라 갈 준비할 시간이 너무 없어서 큰일 났습니다. 오늘 선생님 뵈러 오면서도 그런 이야기만 하고 있었습니다.

오늘 수옥이 남편 이 박사가 보이지 않습니다.

이 박사를 하늘나라로 떠나보낸 뒤, 수옥이는 아주 씩씩하게 잘 살아 가고 있습니다. 지순이도 이쁘게 잘 자라나고 있습니다.

선생님의 동생 김옥영 여사는 미국 아들 며느리 손자들 시중들려고 미국에 가서, 너무 즐겁고 행복해서 오늘 이 자리에 함께하지 못했습니다. 그동안 건강이 안 좋아서 걱정이었는데, 미국서 건강을 되찾아 돌아오기만 기다리고 있습니다. 철학자 이초식 교수님은 철학자 따님과 서울대학에서 열렸던 세계철학자대회를 진행하느라 아주 보람된 여름을 보냈습니다.

김동길 선생님은 그동안 여기 저기 몸이 불편하셨는데도 오늘 선생님 동산에 거뜬히 걸어올라 오셨습니다. 건강하신 몸으로 동에 번쩍 서에 번쩍 여행도 하시고 강연도 하시고 나라를 염려하시는 마음 여전하시고 자유를 사랑하고 지키시는 지성과 지사의 마음가짐으로 저희들에게 용기를 주고 계십니다.

나이들이 들어가니까, 선생님 동산에 오르기가 불편하신 분들이 오늘 보이지가 않습니다. 이봉순 선생님, 김영정 선생님, 구영순 선생님, 모두 이대에서 은퇴해서 잘 지내고 계시지만 산에 오르기에는 역부족인가 봅니다. 구영순 선생은 우리 건강을 생각해서 최근에 《건강하게 오래 살자》라는 책을 냈는데, 우리 모두를 위한 훌륭한 책을 내고서 저자 본인은 큰 수술을 하고 집에서 쉬고 계십니다.

여기 서 있는 사람들, 우리 모두 모여 앉기만 하면 선생님을 떠올리며 이야기꽃을 피우고 있습니다. '고사리 모임'이라는 이름으로 아주 자주는 아니지만 가끔 만나서 김동길 선생님께서 주시는 점심을 먹으면서 즐거운 시간을 보냅니다. 이 모임 저 모임, 모두 안정환 선생이 소집을 해서 모여들지요. 그럴 때면 김호순 선생님께서 안 선생 야단치는 소리, 그리고 그 호탕한 웃음꽃으로 한나절을 보냅니다. "야 이젠 그만 가자, 선생님 야단치실라" 하고 김세영 선생님이 재촉할 때까지. 한사숙 선생님은 섭섭했던 이야기를 그렇게 정답게 재밌게 하실 수가 없고, 이광옥 선생님의 찐한 농담에 모두들 데굴데굴 구르고, 함선영은 누구도 청하지 않았는데 자청해서 선생님이 좋아하시던 노래라고 하면서 유행가를 부르며 눈물을 흘리기도 합니다. '앵콜'도 안 했는데 한 곡 더 한다고 하면서요. 김호신 선생, 전길희 선생, 조정현 선생, 조병채 선생님은 모두 조용하고 품행 방정한 우등생들이라 가만히 선생님 생각하다가 일어나지요.

오늘 이 자리에 선생님 뵈러 와야 한다고 하면서도 오지 못한 사람들……. 이성순 선생, 참 8월 31일부로 이화에서 정년퇴임한답니다. 남편 김환수 선생은 최근 얼굴에 상처를 입고 성형 아닌 성형수술을 하느라 고생 좀 했습니다. 이성순·김환수 선생과 사돈 간이 된 이혜경 집사님은 정 권사님과 두 딸이 낳은 손자들 보느라고 정신이 없으면서도 '고사리 모임' 뒷바라지에 바쁩니다. 그리고 여러분이 이 자리에 보이지 않지만, 모두 선생님 그리워하고 이야기하고 있습니다.

이화의 영원한 충복들, 김영일 선생, 김순겸 선생, 김치수 선생 그리고 지금 기도하는 서광선 목사 모두 아직 테니스 치고 텔레비전에 나가서 좌담하고 글 쓰고 강연하고 설교하며 바쁘게 돌아다닙니다. 하늘나라 생각하면서, 선생님 생각하면서 우리가 죽은 다음에, 사람들이 선생님을 이야기하듯이 좋은 이야기를 듣는 그런 사람들로 죽어 갈 수 있을까 때때로 반성하면서 말입니다.

선생님이 부럽습니다. 선생님처럼, 맡으신 일에 충성을 다하시고, 약속하신 것은 손해 보는 일이 있어도 반드시 지키시고, 부와 권력에 굴복하지 않으시고 원리 원칙을 지키시면서 살아가셨고, 여장부처럼 당당하셨고, 다정하셨고, 약한 사람들, 당하는 사람들, 병원에 있는 사람들, 일일이 기억하시고 찾아다니시면서 사랑을 베푸신 선생님, 요사이엔 선생님 같은 분이 보이지 않습니다.

사랑의 하나님, 오늘 김옥길 선생님 산소에 모여 서 있는 저희를 굽어보시고 위로하여 주시고 용기를 주셔서, 옳고 바르게 살면서도 사랑을 베풀고 너그럽게 사는 것의 지혜와 능력을 허락하여 주시옵소서. 그리하여 많은 이들에게 희망이 되고 삶의 비전이 되게 하여 주시옵소서.

선생님이 기도하실 때마다 항상 하시던 말씀, "저희에게 충성을 다할 수 있는 나라를 허락하여 주시고, 열심히 일할 수 있는 이화 동산을 주시고, 저희에게 보람 있게 살 수 있는 건강을 주신 하나님, 저희가 영원히 기억하고 사랑할 수 있고 그리워하는 선생님을 주신 것, 참 감사합니다."

이 모든 말씀, 우리를 사랑하시는 예수 그리스도의 이름으로 감사하며 기도하옵나이다.

아멘.

사랑의 하나님, 감사합니다

2010년 8월 25일 김옥길 선생님 추모식에서

사랑의 하나님, 감사합니다.

저희가 사랑하고 충성할 수 있는 나라를 허락하여 주시고, 저희 청춘을 바쳐서 가르치고 일할 수 있는 이화동산을 맡겨 주시고, 저희가 사랑하고 아끼는 김옥길 선생님을 기억하고 그리워하게 하게 하시고, 저희가 건강하여 오늘도 이 동산에 올라와서 선생님의 사랑과 생애를 기리며 한자리에 모여 서서 찬송하고 기도할 수 있는 은혜 주신 것 감사합니다.

선생님이 저희들 곁을 떠나신 지도 19년이 되었습니다. 선생님이 하늘나라로 떠나신 1990년 이후 여기 모여 선 우리 한 사람 한 사람의 삶과 환경도 많이 달라졌지만, 무엇보다 그때보다 우리 모두 열아홉 살이나 더 나이를 먹고 늙어 가고 있고, 여기저기 아프지 않은 데가 없고, 병상에 오래 누워 있게 되고, 기억이 가물가물

해져 가고 있고, 오늘도 이 동산에 겨우 걸어올라 왔습니다. 그래
도 선생님 뵈러 온다는 생각에 들떠 있었고, 선생님을 사랑하는 이
들이 오래간만에 다시 만나서 선생님 이야기꽃을 피울 수 있다는
생각에 행복해 하고 있습니다.

작년 8월 25일 선생님 뵈러 온 이후 우리나라에는 많은 일이 있
었습니다. 미국 뉴욕의 증권시장이 망하면서 온 세계가 경제난으
로 돈을 잃고 집을 잃고 실직자가 많이 생겨나고, 가난한 사람들이
더 많아지고, 집 없이 노숙하는 사람들, 올데갈데 없는 노인네들
이 늘어나고 있습니다. 그런데도 정부에서 일하는 높은 사람들은
선생님 살아 계실 때나 지금이나 돈에 눈이 어두워서 부패하고, 비
리 때문에 검찰의 조사를 받고 감옥에 간다는 소문이 파다합니다.
그러는 가운데 우리나라의 전직 대통령 두 분이 세상을 떠났습니
다. 지난 몇 달 동안 나라 전체가 국상을 두 번이나 치르느라고 백
성들은 알 수 없는 슬픔으로 맥을 잃고 탈진해 있는 형편입니다.
사람들의 생각들은 갈피를 잡지 못하고 나라에 대한 생각이 분열
되어서 갈팡질팡하며, 서로가 상대방만 잘못됐다고 비방하고 헐
뜯고 있습니다. 사랑과 용서와 화해보다는 싸움과 미움과 분열과
폭력이 횡행하고 있습니다.

선생님이 살아 계실 때보다 밖으로 볼 때는 잘사는 것 같은데,
마음들은 편한 것 같지가 않습니다. 모두 다 불안에 떨고 있는 것
같습니다. 범죄는 늘어나고 아이들이 마음 놓고 놀러 다니지도 못

하는 무서운 세상이 되어 가는 것 같아 불안합니다.

선생님이 더욱 그리워집니다. 선생님 같은 어른이 그리워집니다. 옳고 바른 것을 분명히 말씀해 주실 수 있었던 선생님이 그립습니다. 손해 보는 일이 있어도 약속은 반드시 지켜야 한다고 귀가 따갑게 말씀하시던 선생님이 그리운 세상이 되었습니다. 사람은 신의를 지켜야 한다, 자기의 보잘것없는 이익을 위해서 정의를 포기하고 친구를 배신해서는 안 된다고 가르치고 행동으로 옮기는 어른이 보이지가 않습니다. 선생님은 옳은 일을 하다가, 바른 말을 하다가 감옥에 가고 불이익을 당하는 이들을 찾아다니면서 위로하셨습니다. 가난해서 학비를 내지 못하는 학생들이 공부할 수 있도록 도와주셨습니다. 선생님은 권력에 아부하지 않으셨습니다. 권력을 얻기 위해서 비굴하지 않으셨습니다. 당당하게 행동하셨습니다. 불쌍한 사람들의 친구가 되어 주셨습니다. 선생님은 따뜻한 마음으로 사람들을 사랑하셨습니다. 그러나 불의를 보시고서는 엄격하게 다스리시는 분이었습니다.

선생님이 그립습니다. 선생님처럼 살아야겠다고 다짐하면서도 우리 자신을 돌이켜 보면서 부끄러워지기만 합니다. 선생님 앞에만 서면 왜 그리도 부끄럽고 스스로 작아지는 것을 느끼게 되는지 모르겠습니다.

사랑의 하나님, 오늘 김옥길 선생님을 그리고 사랑하는 저희에게 사랑과 자비를 베풀어 주시옵소서. 저희에게 힘주시고 용기를 주셔서 선생님께서 살아가신 그 길을 따라가게 하옵소서. 저희에게 예수님의 진리와 예수님이 가신 길과 예수님을 통하여 얻은 귀한 생명을 보여주신, 저희가 사랑하는 선생님, 김옥길 선생님의 뒤를 따라갈 수 있게 하옵소서.

아멘.

부록:
평양 방문기

■ 이 글은 2004년 5월 29일부터 6월 1일까지 3박 4일간의 평양 방문을 마치고 홍콩에 가서 서울에 있는 동생들과 두 아들 가족에게 보낸 편지이다. 필자는 미국 뉴욕 소재 〈아시아 기독교 고등교육 재단〉의 부회장으로 봉직하던 당시, 평양에 건설 중인 평양과학기술대학의 창립 총장 김진경 박사의 초청으로 평양의 대학 캠퍼스 건설 현장을 사찰하였다.

대동강과 모란봉은 여전한데

- 사랑하는 나의 동생들, 아들 며느리들에게 보내는 편지

평양 봉수교회에서

2004년 5월 30일 주일 아침

"봉수교회 교우 여러분, 참으로 반갑습니다. 봉수교회가 평양에 있다는 소식, 그리고 여러분이 주일마다 모여서 예배를 드리고 있다는 소식은 온 세계에 알려져 있습니다. 오늘 저도 여러분과 함께 예배드리게 된 것, 하나님의 은혜로 알고 감사드립니다. (우뢰 같은 환영의 박수)

제가 태어난 고향은 평안북도, 지금의 자강도 강계입니다. (감탄의 소리). 저는 평양을 떠난 지 54년 만에 다시 왔습니다. (박수) 남조선의 서울 이화여자대학교에서 30여 년간 교수로 일하다가, 지금 미국의 기독교 고등교육 재단의 일을 보고 있습니다. 평양과학기술대학의 설립 총장이신 김진경 총장님의 초청으로 여기 저의 재단 단장님을 모시고 대학 건설 현장을 시찰하고 우리가 도울 수

있는 것이 무엇인지 의논하기 위해서 왔습니다. (박수)

평양에 다시 와서 보니, 대동강은 54년 전과 하나도 변함없이 흐르고 있고, 능라도의 푸른 숲은 울창하고 시원하게 보이고, 모란봉은 그대로 아름답기만 합니다. 산천은 변함이 없는데, 세상은 많이 달라졌습니다. (눈물을 참느라고 노력했다.)

저는 십여 년 전부터 북조선 기독교도 연맹의 목사님들과 북 측의 대표님들과 스위스와 미국, 일본 캐나다 등지에서 남북이 화해하여 평화롭게 살고 민족이 통일하는 일을 위해서 그리스도인들이 해야 할 일들을 토론하는 모임에 참여하면서, 강영섭 목사님과도 알게 되었는데, 통역으로 모임에 늘 함께하신 김혜숙 선생님을 이 자리에서 뵙게 되어 너무도 감격스럽습니다.” (박수)

강영섭 목사는 나와 동갑이라는 말도 했다. 강 목사는 강양욱 목사의 아들인데, 강양욱 목사는 김일성과 가까운 친척이고, 우리 아버지 생전에 기독교도 연맹에 가입하라고 압력을 넣은 친 공산주의 목사였다. 캐나다에서 열린 남북교회 지도자 협의회에서 강 목사와 내가 캐나다 정부 대표들과 모이는 자리에서 주제 강연을 맡은 일이 있다. 강 목사가 먼저하고 내가 다음으로 남한 교회를 대표해서 주제 강연을 하게 되어 있었는데, 강 목사가 강연 직전에 나에게 다가와서 “대단히 죄송하지만, 통역을 부탁드리겠습니다. 아무래도 박사님의 영어가 제일 분명하고 유창하기에 드리는 부탁입니다” 하는 것이었다. “아니, 목사님 공식 통역관이 함께 와 있지 않습니까?” 나는 당황해서 그렇게 말했다. “우리 통역관이

통역관인가요. 그냥 따라온 사람입니다." 나는 "우리 대표단과 의
논을 하고 말씀드리겠습니다" 하고 우리 대표단에게 와서 강 목사
의 요청을 말했다. 모두 다, "그건 서 박사가 결정할 문제이지, 대
표단이 결정할 문제가 아니지요" 하는 것이었다. 나는 이것이 이
른바 '이적행위'가 아닌가 하면서도 이 일로 감옥에 가도 동포를
위해서 한 일이고 여기서부터 화해와 평화와 통일의 의지를 보여
야 한다는 생각을 굳히고, 강 목사의 우리말 강연을 영어로 통역을
했다. 나중에 귀국해서 당시 정보부의 고위관리 친구에게 그 이야
기를 했더니, "저에게 말씀해 주신 것 잘하신 겁니다. 얼마든지 반
공법에 걸릴 수 있는 일이었습니다. 그렇지만 참 잘하셨습니다"
하는 것이었다. 통역하기가 그리 쉽지가 않았다. 나는 그때 이북
말이 이토록 많이 달라질 수가 있는가 할 정도로 어떤 말은 물어
가면서 통역한 기억이 난다. 나중에 또 말하겠지만, 이번에 만난
북조선 교육성 부상과의 만찬 석상에서 그 사람 통역을 하게 되었
었는데 역시 어려웠다. 나중의 공식 회의에는 부상이 자기 공식 통
역관을 대동하고 나왔더라. 훨씬 편하게 회의를 했었다.

"저와 남쪽의 그리스도인들은 여러분을 위해서, 용천 기차 사고
로 죽어 간 많은 어린아이들을 위해서 기도하고 있습니다. (커다란
아멘 소리) 우리는 무엇보다도 민족과 조국의 평화와 통일을 위해
서 기도하고 있습니다. (아멘)

저도 고향에 돌아와서 살다 죽고 싶습니다. 우리 건강하게 살다
가 다시 만나서 조국의 통일을 축하하게 되기를 간절히 기도하겠

습니다. 우리 꼭 다시 만나 뵙기를 바라는 간절한 마음, 드리고 싶습니다.”(아멘 소리와 함께 우뢰 같은 박수)

김진경 총장을 위시하여 미국에서 평양 과기대 건설 후원 재단 이사장 부부와 재단 본부 여자 직원 그리고 나, 이렇게 다섯 사람이 나서서 찬송을 사중창으로 합창하고 나서 대표로 한 인사의 말 전문이다. 교인들이 웃는 얼굴을 하다가 눈물을 닦기도 하고 박수 치는 모습이 꿈결 같이 느껴지면서, 현실 감각이 없어지는 느낌이 들었다. 눈물이 치밀어 올라왔다. 울음을 터뜨려서는 안 된다는 다짐을 하면서도 내 목소리에 눈물이 젖어 있었다.

정말 꿈만 같다. 우리나라 NCC 친구들과 남한 교회 대표들, WCC 대표들이 봉수교회에 가서 예배드렸다는 이야기를 자랑삼아 말해 주는 것을 들은 지 아마 20년은 되어 오는데, 나도 드디어 그 유명한 봉수교회에 와서 예배를 드리고 이 교회의 교인들도 만나 게 되었으니 말이다. 교회 안은 아주 잘 정렬이 된 줄에 교인들이 꽉 차 있었다. 흰 가운을 입은 성가대원들도 20명은 되는 것 같았 다. 교회 주보는 없고, 칼라사진으로 그동안 다녀간 외국 인사들 을 소개하는 자그마한 인쇄물만 손님들 의자에 놓여 있었다.

손 아무개 목사님은 까만 머리에 50대 후반이 아니면 60대 초반 으로 보이는 무게 있는 분으로 보였다. 내 이름을 말하면서 인사를 드렸더니 아주 반색을 하면서 “네, 서 박사님, 지면을 통하여 글을 읽고 있습니다……” 하고 악수를 청하며 두툼한 손을 내미셨다.

우리가 봉수교회에서 예배를 드린 날은 5월 30일, 성령 강림주

일이었다. 물론 나는 잊어버리고 있었지만 목사님이 설교에서 그렇게 발표하는 말을 듣고서야 "아, 그랬었구나" 했다. 사도행전 2장에 기록되어 있는 마가의 다락방에서의 성령 강림의 경험과 재산을 공유하는 교회 공동체의 시작을 교우 한 사람이 봉독하였다. 목사님의 설교는 간단하고 명료했다. 내용은 성령의 은사를 받은 제자들이 '밥상 공동체'를 이룩하여 일치단결하였다고 말하면서 안병무 박사와 나의 이름과 민중신학을 소개하는 바람에 놀라기도 하였다. 초대교회의 그리스도인들이 일치단결하여 한 일은 선교로서, 그리스도의 복음을 전파하였고, 둘째로는 세상을 위해서 봉사했다고 힘주어 말하고 있었다. "선교와 봉사는 교회의 두 날개와 같습니다. 그리스도인들은 교회 안에서만 예수 믿는 게 전부가 아닙니다. 세상에서 봉사를 해야 하고 세상을 위해서 일해야 합니다"라고 강조하면서 미국의 19세기 말 사회주의 신학자 라우쉔부쉬Rauchenbush 의 말을 인용하여, "기독교와 자본주의는 완전히 상반되는 것입니다" 한다. 그리고 통일을 위하여 기도하고 일하는 것이 오늘날 조선의 그리스도인들이 해야 할 일이라고 말하면서, 남에서는 이런 설교하면 '정치 설교'를 한다고 비난한다고 하는데, 목사가 정치 문제, 세상 문제, 통일 문제를 설교하면 안 되는 이유를 알 수가 없다고 한탄하고 있었다.

교회 문 밖에 서서 목사님의 설교가 좋았다는 칭찬 아닌 칭찬의 말씀을 드렸다. 겸손한 웃음을 지으면서 "박사님 같은 남쪽 목사님들의 글들을 읽고 이렇게 저렇게 엮어서 하는 설교입니다" 하는 것이었다. 다음에 평양에 오게 되든지 인편이 되면 내 설교집 몇

권과 기도문들을 모은 책들을 보내 드려야겠다고 생각했다.

남북 기독교 지도자 회의의 북측 통역관인 김혜숙 선생과는 교회 뜰에 서서 안부를 묻는 이야기를 나눌 수 있었다. 스위스에서 처음 1988년엔가 만나서 "이화대학에 가서 영어를 더 배워가지고 선생님처럼 영어를 하게 되었으면 좋겠어요" 할 때는 크리스천이 아니었다. 그런데 1992년 뉴욕에 왔을 때는 세례도 받고 성가대 활동도 하게 되었다고 했다. 뉴욕에서의 한 만찬회에서는 바로 옆에 앉아서 평양에 있는 아이들에게 무슨 장남감을 사다 주었으면 좋겠느냐는 질문을 한 기억이 난다. "나는 미국에 여행하게 되면, 우리 아이들에게 레고라고 하는 집 짓는 작은 색깔 있는 나무토막들을 선물로 사다 주었는데, 값도 그리 비싸지 않고 아이들 지능 발달에 도움이 된다"고 하면서 아이들 완구 백화점 이름과 레고 영어 이름을 적어 주었었다. 그래서 교회 뜰에 서서, 그때 이야기를 상기하면서, "그 아이들은 이제 많이 컸겠네요……" 했더니, 큰아이는 벌써 대학을 나오고 전자 공학으로 대학원에 진학했다고 자랑하면서, 작은아들은 인민군에 입대했다고 한다. 뉴욕에서 마지막으로 만났던 게 1992년이었고, 12년 전, 그때 큰아이가 열 살이라고 했으니까, 대학을 나올 수 있는 나이라고 생각했다. "참 반갑네요, 박사님 하나도 안 변했네요……"라는 말만 되풀이하다가 방문단 일행과 함께 버스에 올라탔다. 다시 만날 수 있게 될까? 나의 70평생에 수없이 많은 만남과 헤어짐이 있었지만, 왜 이 여인과의 만남과 헤어짐은 이토록 다른 만남이나 헤어짐과 달라야 하는가 말이다. 천만이 넘는다는 우리 이산가족들의 만남과 헤어짐 같은 것일까?

성가대원들이 우리와 함께 몇 장씩이나 사진을 찍고 계속 계단 위에 서서 손을 흔들면서 작별 인사를 해주었다. 죽기 전에 다시 올 수 있을까? 다시 온다 해도 이분들을 다시 만나게 될 수 있을까, 생각하면서 나도 차 안에서 계속 손을 흔들었다.

평양의 냉면과 국수 맛

교회 방문을 마치고 우리 일행은 그 유명한 옥류관 냉면을 먹으러 갔다. 대동강 가 언덕에 한식으로 큰집이 몇 채나 들어서 있는 굉장하고 웅장한 건축물 앞에는 사람들로 꽉 차 있었다. 일요일은 휴일이라서 사람들이 길에 많이 나서고, 산책도 하고 식사하러 나들이하는 사람들이 많다는 설명이었다. 옷차림도 평일보다는 확실히 색깔이 다양해 보였다. 그렇다고 해서 화려한 옷차림은 찾아볼 수 없었다. 그래도 젊은 여인들의 흰 저고리와 검은 치마 차림은 까만 머리와 투명하게까지 보이는 화장기 없는 맑은 얼굴과 함께 정갈하게 보였다. 시끄럽게 느껴지지도 않고, 또 그렇다고 쉬쉬하는 적막한 광장으로 느껴지지도 않았다. 조용한 즐거움, 정갈한 휴식을 즐기고 있다고 느꼈다. "역시 사람 사는 곳이구나. 나름대로의 행복을 찾고 있구나" 하고 생각하면서 커다란 홀을 몇 개 지나 방 밖의 베란다로 안내받았다. 대동강 한가운데 푸르른 능라도가 손에 잡힐 듯이 바로 앞에 보이는 옥상에는 밥상들이 많이 준비되어 있었다.

"저기가 능라도인데요……. 여름엔 저기 모래사장에서 수영도

하고, 헤엄쳐서 이쪽 강가(북쪽)로 왕래하는 경주도 하고 그랬어요……." 내가 듣기에도 감격에 찬 자랑을 하는데, 동행한 친구는 "지금 수영하기엔 강물이 너무 오염된 것 같아……. 공장도 안 보이는데 어디서 오염되는지 모르겠군……" 하는 것이었다. 분위기 깨는 발언이다. 그래도 막무가내로 "겨울에는 이 넓은 대동강 물이 꽁꽁 얼어붙어서 스케이트 링크가 많이 생겨가지고, 스케이트 타던 생각이 납니다……." 아무도 대꾸하지 않았다. 능라도 남쪽에 대동강을 건너는 시멘트 다리, 서울의 원효대교 같은 밋밋한 다리는 우리가 건너다니던 다리는 아닌 것 같았다. 그 다리는 한국전쟁 때 미 공군의 폭격으로 완전히 파괴되었다는 설명이었다. 내가 인민군에 가는 신체검사에 떨어지고 웅선이와 생이별하고 장포동 집으로 돌아오면서 건넌 다리이다. 능라도 넘어 선교리가 있고 선교리 남쪽 언덕에 우리 집과 교회가 있던 산언덕을 찾아보았지만, 안개 긴 날씨에 강 건너 아파트 건물과 주체탑만 희미하게 보일 뿐 더 멀리 볼 수가 없었다.

혹시나 해서, 옛날 살던 집터라도 둘러보고 아버지 산소 근처에라도 가보고 싶어서 그 뜻을 김 총장에게 전했지만, 미리 그런 일정을 신청해 허가를 받아야 한다면서, 버스로 근처에 가볼 수 있는지 알아보자고만 한다.

옥류장의 냉면은 확실히 맛이 있었다. 특히 평양 김치 맛은 남북 합해서 최고라고 할 수 있을 것 같다. (이 말은 우리 반공법에 "북괴 찬양"의 죄목에 걸 수 있다.) 별로 맵지도 않고 짜지도 않고, 아주 싱싱한 맛이 일품이었다. 동행한 미국 친구는 본래 우리 김치, 그것도 매운 김치를 좋아하는데 평양의 김치는 자기가 먹어 본 김치 중 최고라고 하면서 두 그릇이나 시켜 먹었다. 일본에서 살았던 경험 때문인지 국수도 마치 일본의 소바 먹듯 했다. 미국 교포 아주머니들은 김치를 몇 그릇이나 주문했는지 모른다. 체면도 없이 맛있다는 소리만 연발하면서 잔치를 벌였다. 나는 냉면 200그램에다가 쟁반 200그램을 주문해서, 진실이 말대로 씹지도 않고 그대로 삼켰다. 보통 한국 냉면에 사리를 네 개나 시켜 먹었다는 말이다. 김옥길 선생님 댁에서 냉면 먹던 실력이었다. 김옥길 선생님 생각이 간절하게 나더라.

그런데 평양 쟁반 문화가 달라진 것 같다. 옛날에는 큰 놋그릇 쟁반을 밥상 가운데 놓고 불로 끓여서 먹는 우리 국수 전골 같은 것이었는데, 쟁반 크기가 작아지고 개인별로 주고 국물은 찬 국수 국물이었다. 옛날 어렸을 때, 목사 아버지와 사모님 어머니가 교인들 이야기하면서 어느 남자 장로가 어느 여자 집사하고 쟁반을 먹는 정도로 친한 사이라고 하던 기억이 난다. 쟁반 같이 먹는 사이는 대단한 사이이고 스캔들로 소문나는 걸로, 나쁜 걸로 듣고 있었던, 그런 '로맨스'는 없어진 것 아닌가 생각했다. 그리고 옛날에 먹던 그 따뜻하고 맛있는 국수 쟁반은 아니었다.

식사를 마치고 나오는 길에 그 커다란 홀에는 일본 관광객들이 큰 소리로 떠들면서 맥주와 함께 식사를 즐기고 있었다.

모란봉을 걸으면서

　　모랑봉이 보고 싶은 욕심으로 이미 계획된 일정인 줄
로 알면서도 모란봉 기슭, 김일성 장군의 거대한 동상이 서 있는
한 궁전 앞에 차를 세우고 모란봉 산책을 나섰다. 물론 옛날의 흙
길은 없어진 지 오래고 아스팔트로 잘 포장된 산책길에 올랐다. 대
동강이 내려다보이는 오솔길도 걸어 보고 을밀대에도 올랐다. 전
쟁 때 을밀대가 폭격에 맞았다는 말을 들은 적이 없어서, 옛날 그
대로의 모습이 있는 것 같기도 하고 알 길이 없었지만, 어떻든 눈
물 나게 반가웠다. 정부에서 차출된 안내원이 "여기 깔린 이 바위
돌들은 옛날과 같습니다. 알아보시겠어요? 여기 선생님 발자국 같
은데 알아보시겠습니까?" 하는 농담을 들으며 울음을 참았다.

　　모란봉 숲 속에는 뽀찌(오디) 따러 온 아이들과 엄마들이 나무에
매달려 있는 듯했다. 입들이 새카맣게 물들어 있는 것은 옛날이나
지금이나 다름이 없다. 숲 속에는 많은 젊은이들과 늙은이들이 소
풍을 즐기고 있었다. 너댓 사람 남녀노소가 모여 앉아 무언가를 끓
여 먹는 연기도 나고 음식 냄새가 나기도 했다. 청년들이 한잔 했
는지 큰 소리로 노래를 부르고 있었다. 우리 유행가 같지는 않고
그렇다고 혁명행진곡 같지도 않은데, 가사를 들어보면 친구를 그
리워하고 찬양하는 것 같기도 했다. 아침에 봉수교회에서 헌금 시
간에 특송을 부른 50대 남성의 음성에 버금가는 미성으로 노래하
고 있었다.

　　김일성 초상 배지를 단정하게 단 젊은 남녀 쌍쌍이 산보하는 모
습도 아름답고 평화롭게 느껴졌다. 군인 아저씨와 대학생으로 보

이는 흰 저고리 까만 치마의 아가씨가 손에 손 잡고 숲 속을 거니는 모습은 환상적이었다. 일제 강점기 이광수 선생의 소설 속에 나오는 청춘남녀를 만나는 것 같은 착각에 빠져 들었다. "사랑은 영원히⋯⋯. 사랑은 문화와 이념과 국경을 넘어서⋯⋯." 그 사랑의 힘이 우리를 하나로 통일하게 할 수 없나⋯⋯. 그러다 꿈에서 깼다.

길가에 앉아서 을밀대 아래 옛날부터 서 있던 칠성문 앞에서 한 늙은 화가가 풍경화를 마감하고 있었다. 참으로 선명하게 칠성문과 그 둘레를 수채화로 그리고 있었다. 사실주의 그 자체였다. 사진으로 찍은 것과 버금가는 그림이었다. 상상력이나 추상이나 인상이란 것은 거의 완전히 배제한 사실 그대로의 그림, 인민 대중이 이해할 수 있는 사실 그대로의 그림, 부르주아나 인텔리에 오염되거나 해석되지 않은 그림⋯⋯. 그것이 이 동산 속에 있었다. 미국에서 온 교포 부인이 반색을 하며 사겠다고 나섰다. 인민 화가는 겸손하게 팔 만한 그림이 아니라고 사양을 했지만, 그냥 선물로 받겠다고 하면서 선물로 얼마를 화가의 호주머니에 쑤셔 넣는 것 같았다. 사진을 찍고 헤어지는데 우리가 보이지 않을 때까지 손을 흔들며 작별을 아쉬워했다.

보통강 가의 음식점

정부에서 차출한 중형버스를 타고 다니면서 옛날 기억을 더듬어 지형을 알아보려고 애썼지만 헛수고였다. 평양 시내는 모란봉과 옛날 평양 기차역 정도나 알아볼 수 있을 정도였다. 숭실학교 자리라고 가리켜 주는데 전혀 알아볼 수가 없었다. 옛날

숭실학교 옆에 평양신학교가 있었고 그 둘레에는 미국 선교사들이 살던 건물들이 있었는데, 그 자리에는 무슨 궁전 이름이 있는, 거대한 건물들이 들어서 있었다. 보통강을 건너간다고 하면서 철교를 건너는데 우리가 옛날에 평양 시내로 들어오기 위해 건너던 그 좁은 다리 같기도 하고 전혀 기억이 나지 않았다.

그 다리 밑으로 내려가서 아주 낡은 중층 아파트 몇 동을 지나서 허름한 식당에 안내를 받았다. 불고기와 냉면으로 유명한 집이라고 했다. 냉면이라면 아무 때고 좋아하는 나는 이번에는 300그램짜리 냉면과 다른 사람들이 시키는 타조 고기 불고기를 시켰다. 나는 평생 그렇게 부드러운 고기를 먹어 본 기억이 없는데, 타조 고기는 정말 일품이었다. 나중에 들은 이야기지만 아주 비싼 불고기 요리를 먹었다는 것이다. 배고프고 굶주리는 북한의 아이들을 위해 기도를 하면서도 너무 호강을 하고 있구나 하는 죄책감이 나를 압박했다.

우리를 안내하는 젊은이가 두 사람이었는데, 평양 공항에 들어설 때부터 평양 공항을 빠져나갈 때까지 줄곧, 밤에 잘 때를 빼놓고는, 쉬지 않고 동행하고 안내하고 우리 질문에 대답하곤 했다. 한 사람은 경제협력부서에서 나왔다는 김 아무개이고 다른 한 사람은 어디서 나왔는지 말하지 않은 이 아무개였다. 저녁 먹는 자리에는 김 아무개만 배석했는데, 젊은이라 식욕도 좋았고 맥주 마시는 실력도 보통 이상이었다. 미국서 온 한국 교포 아주머니들이 나누는 아침에 봉수교회 다녀온 이야기를 경청하는 듯했다. 그러면서 하는 말이 "나는 아직 하나님은 눈에 보이지 않습니다. 저는 눈에 보이는 나의 주위의 사람들, 인간들은 보이지만 아직 하나님은 알 수가 없습니다. 눈에 보이는 이웃 사람들은 돌보지 않고 사랑하지 않으면서, 어떻게 볼 수도 알 수도 없는 하나님을 사랑한다고 하는지 이해가 안 갑니다" 하며 힘주어 말했다. 술기운에 용기가 나는가 보다 싶었다. 그러면서 "저는 평양 과기대가 반드시 건설되기를 간절히 희망합니다. 밖에서 도움을 받을 수 없다면, 우리의 손으로 조금씩 조금씩 아무리 시간이 걸리더라도 반드시 완공해야 한다고 믿습니다." 그리고 우리 후손에게 물려주어야 한다고 힘주어 말하는데 우리 방문단 일행은 감동했다. 그러지 않아도 방문단은 북조선 당국의 커미트먼트가 약한 것이 아닌가, 너무 외자에 의존하는 것이 아닌가 하는 의심과 불만을 품고 있던 차에, 대단한 말을 들은 것이다.

김진경 총장은 듣다못해, "여보시오 젊은이, 하나님은 못 하시는 일이 없어요……" 하고 소리 질렀다. 김 총장은 처음 서울에서 만났을 때부터 계속 하나님을 내세우는데, 평양에서도 마찬가지였다. 어려운 환경에서 큰일을 하자면 하나님밖에 의지할 분이 없으니 하는 말이겠지 하고 이해는 하면서도, 하나님을 쫓아낸 땅에서 '하나님'을 자주 입에 올리는 것이 귀에 거슬렸다. 정말 하나님은 이 땅을 버리신 것이 아닌가, 정말 "하나님, 여기 계십니까" 하고 소리 지르며 울고 싶은 간절하고 안타까운 심정에, '하나님' 담론이 허황되게만 느껴졌다. '하나님'이란 소리가 이리저리 돌다가 아무 힘없는 빈말로 허공에 꺼지는 아무 의미도 힘도 없는 빈 소리로 들렸다. 빈 소리, 의미도 힘도 없는 말 '하나님'이, 이 땅에서 무슨 일을 하신단 말인가?

나는 대학에서 경제학을 공부하고 대학원에서 국제정치를 공부했다는 건장하게 생긴 미스터 김을 향해서 말을 건넨다. "나는 김 선생의 주체사상에 입각한 인본주의를 존경하고 우리 주위의 인간들을 위해서 일해야 한다는 말, 그리고 눈에 보이는 인간을 사랑하지 않으면서 눈에 보이지 않는 하나님을 사랑한다고 하는 그리스도인들의 말은 공허하다는 말은 성서에도 있는 말입니다." 그가 "네 저도 성서에서 인용한 것입니다" 하고 대답한다. "그런데 나는 이렇게 생각하고 있어요." 나의 말을 이어 나갔다. "하나님 없는, 비록 보이지 않지만, 하나님의 존재를 믿지 않고 부인하는 인본주의는 교만해지고 인간의 권력을 남용하고 사람들을 억누르고 포악해지기 쉽습니다. 그러나 다른 한편, 눈에 보이는 이웃, 배고파 고통당하는 아이들은 돌보지 않으면서, 하나님만 찾고 하나님만 사랑한다고 떠드는 종교인들, 그리스도인들은 교리에 빠지고 현실을 직시 못하게 됩니다. 하나님 없는 인본주의, 인간이 보이지 않는 신본주의는 모두 문제가 있습니다……." "하나님을 믿는 인본주의자는 인간을 볼 때 하나님의 형상을 가진 하나님의 자녀로 보게 됩니다"라는 나의 결론은 옆자리의 소음 때문인지 잘 전달이 안 된 것 같았다.

저녁 식사를 마치고 나오면서 호텔로 돌아오는 길에 우리 버스 안은 긴장감이 돌 정도로 조용했다. 다음 날 아침, 우리 일행들은 그런 자리에서 인본주의자들과 어떤 대화를 나눌 수 있을까 고민했는데 많은 것을 배웠다는 말을 나에게 들려주었다. 그러나 내가

한 말도 역시 이 땅에서 무슨 의미와 무슨 힘이 있을까? 남한 땅에
서도 뜻을 못 찾는 판인데…… 속으로 혼자 되뇌었다.

고려호텔

우리가 투숙한 호텔은 그 유명한 고려호텔. 나는 18
층 3호실에 들었다. 커다란 싱글 침대가 두 개 나란히 있는 넓은
방에는, 간단한 작은 의자가 두 개, 맑은 거울이 달린 화장대, 그리
고 창 반대쪽에는 붙박이 옷장과 외제 텔레비전이 있었다. 화장실
은 방안 복도 건너편에 있는데, 일본 호텔에 가면 볼 수 있는 플라
스틱 세트로 된 깨끗하고 널찍한 시설이다. 화장실 앞에는 짐 놓는
자리가 있고 창가에는 탁자와 편해 보이는 안락의자가 놓여 있었
다. 전화가 침대 머리맡 탁자에 있어서 보니 해외 전화는 35+00
을 돌리라고 안내 책자에 나와 있었다. 각국의 국가 번호 리스트가
적혀 있었다. 나는 방에 들어가자 전화가 통하는지 홍콩 번호를 돌
리니 선명한 음성이 들렸다. 전화 값이 비싸다는 경고를 미리 받았
기 때문에 한 번 도착 보고와 안부 통화로 참기로 했다.

호텔에는 식당이 여럿 있다는 말을 들었다. 아침 식사를 한 식당
에는 우리 일행 이외에 몇 사람의 서양 사람들이 보였고, 남한 사
람인지 중국 사람인지 아니면 일본 사람 같기도 한 사람들이 드문
드문 앉아서 조용히 식사를 하고 있었다.

아침 식사는 두 가지뿐인데, 한식은 밥과 시래기 해장국, 달걀
지짐 한 개 그리고 생선구이 한 접시와 커피나 차 한 잔. 양식은 토
스트 두 쪽에, 달걀부침 두 개, 그리고 생선전 한 접시에 커피나 차

한 잔이다. 내 자리에는 의례 한식을 차려 줬는데, 나의 당뇨 때문에 흰밥을 못 먹으니 양식으로 달라고 설명을 해야 양식을 먹을 수 있었다.

손님으로 대접받는 터에 이렇게 먹으면 얼마냐고 못내 밥값을 물어 보지 못한 채 평양을 나왔다.

고려호텔은 40여 층의 쌍둥이 검붉은 색의 고층건물이다. 내부 장식은 주로 대리석으로 되어 있는데, 웅장한 유럽식 건축물이다. 알고 보니 동구라파 건축가의 설계로 지었다고 한다. 다방 같은 찻집이 있고, 밤에 여는 바와 술집도 있고, 북조선의 물건을 파는 상점이 있는데 가격 표시는 모두 유로로 적혀 있었다. 하지만 숫자만 있고 '유로'라는 말이 없어서 미국 달라인지 북조선 화폐 가치인지 알 수가 없었다. 기념으로 사가지고 갈 만한 것을 찾지 못하고 있다가 돌 거북이가 눈에 띄어서 두 개를 샀다. 집안의 거북이 수집가를 위한 선물이었다. 김 총장이 '솔잎가루 꿀'이라는 영양식품이 당뇨에 좋다며 몇 병을 사서 들려주었다. 2층에는 책방이 있는데, 우리 미국 친구는 영어로 된 단군에 관한 책을 2유로를 주고 샀다. 2층과 3층에는 여러 가지 크고 작은 식당이 있는데 회의장소도 있고 연회장도 즐비해 있다고 한다. 이 호텔의 불고기 냉면집이 제일 잘된다고 하는데, 월요일 점심에는 자리가 부족할 정도로 평양 사람들이 한결같이 김일성 배지를 달고 들어와 담배를 피우고 맥주를 마시면서 냉면과 쟁반을 즐기고 있었다.

호텔 지하층에는 '물놀이장'이라는 수영장이 있는데, 들여다볼 기회도 없었고 수영을 시도해 보지도 못했다. 호텔 안내서에는 안

마실도 있다고 되어 있는데, 안마 없이도 너무 잠이 잘 와서 들어
갈 생각은 나지 않는다. 나는 매일 아침 산보를 해야 하는 체질인
데, 한 번도 혼자 밖을 걷지 못했고 허가를 받을 생각도 안 했다.
18층 유리창으로 내다보는 거리는 아침 출근시간 이외에는 한산
하기만 했다. 저녁 노을은 평양의 하늘에도 위대한 창조의 선물로
빛난다. 멀리 주체탑이 저녁 노을에 자취를 감추기 시작하고, 길
거리에는 피곤한 발걸음이 유폐된 어두움을 채우기 시작하고 있
었다. 낮에는 사람이 사는지 알 수 없던 그 높은 3, 40층의 고층 아
파트 창문에 전깃불인지 촛불인지 희미한 불빛이 가득 찬다. 일요
일 아침 호텔 건너편 아파트 건물 앞의 어린이 놀이터에 아이들이
소리 지르며 놀고 있는 걸 보고, 사람 사는 2백 50만 평양 인구를
실감한다.

홍콩 그리고 북경에서 평양으로

평양에 가기 위해서는 물론 비자가 필요하다. 김진경
총장이 비자 신청을 위해서 여권 사본과 사진 두 장과 간단한 이력
서를 보내라고 해서 벌써 보냈다. 그리고 대한민국 국민은 한국 정
부의 통일원에 신청을 하고 보고해야 한다는 말을 듣고 있었다. 그
러면서 평양 방문은 평양 공항에 도착해서 입국 수속을 마쳐야
"아 왔나보다" 한다는 말을 몇 번이고 듣고 있었다. 한국 정부의
승인에 대해서는 이전에 한국 교회 대표로 스위스나 미국에서 이
북 목사들과 만나러 갈 때도, 무슨 "북한주민 접촉 승인 신청"인가
하는 서류를 냈던 기억이 났다. '접촉'이란 말이 거슬려서 우리 대

표단 친구들과 농담을 나눈 기억이 난다. 나는 홍콩의 영사관에 보고만 하면 된다는 말을 듣고, 홍콩의 총영사를 만나서 인사 겸 보고를 했다. 부영사가 다른 방으로 안내하여 신청서를 쓰고, '교육'을 받았다. 한국에서는 남한 교회 대표들이 정보부장이 직접 나오는 만찬에 초대되어 호텔 식당에서 잘 얻어먹고 대한민국 정부의 통일정책에 대한 브리핑을 받았던 생각이 났다.

내가 1980년 대 초 이화여대에서 해직되어 있는 동안, 집에 있으면서 한 일이 주로 우리 신학하는 선배들과 민중신학을 발전시키는 일을 하면서 한국 교회의 통일 정책을 토론하고 체계화하고 신학화하는 일이었다. 한국기독교교회협의회가 임명한 아홉 명의 전문위원의 한 사람으로 1988년 2월에 통과된 "통일 선언문"을 기초한 일이 있다. 그때만 해도 전두환 정권이 통일 논의는 정부의 독점물로 선포하고, 교회가 통일 문제를 논의하기 위해서 협의회를 만들거나 교회의 입장을 글로 쓰고 발표하는 것을 방해하고 금지하던 시절이다. 우리는 거의 3년에 걸쳐서 문서를 기초했다. 그러는 동안 우리 기초위원들은 비밀 장소에 모여서 며칠을 함께 먹고 자면서 토의하고 글로 쓰고 발표하고 다시 쓰고 했다. 마누라에게도 어디 간다는 말을 안 하고, 혹시 어느 날까지 돌아오지 않으면 남산에 가 있는 줄 알라고만 말하고 집을 나간 적이 한두 번이 아니었다. 1980년 해직되던 때 경험이 있었기 때문에 내가 무슨 말을 하는지 이해를 하고 있어서 불행 중 다행이었던 기억이 난다. 우리가 그때 기초하고 통과한 선언문은 아직도 토론되고 있다. 당시 정보부는 우리의 문서를 면밀히 검토해서 기초위원들을 "일망

타진, 잡아들이라”는 명령을 내렸다고 한다. 한 달 이상의 검토 끝에 담당 정보원들의 보고는 “법적으로나 정책적으로 걸릴 것이 하나도 없습니다”였다고 한다. 노태우 정권이 들어서서 88올림픽 직전에 88선언을 발표할 때, 통일원 장관이 이홍구 박사였다. 나는 한국 교회의 88 ‘선언문’을 기초했다는 이유로 이홍구 박사의 초청으로 통일원 간부들 앞에서 한국 교회 통일 정책을 설명하기도 했다. 한 분석에 따르면, 내가 대표 집필한 “한국교회 통일 선언문”이 그 이후 대한민국 정부의 통일 정책에 크게 기여하고 있다는 것이다. 나는 그렇게까지 자화자찬하고 싶지는 않지만, 우리가 우리 민족의 통일 염원을 제대로 알맞은 때에 정리하고 발표한 것이 아닌가, 때를 만나서 할 일을 하고 해야 할 말을 했다고 생각하고 있다. 그리고 우리가 쓴 대로 이루어져야 한다는 신념에는 변함이 없다.

평양으로 떠나기 전 서울에서 오재식 선생을 만났다. 오재식 선생은 선명회 회장으로 일하면서 북한 전문가가 되었다. 북한에 국수 공장을 세우고 아이들을 먹여 살리는 일을 한 훌륭한 통일 사회사업가로 오래 기억해야 할 인물이다. 오 선생은 우리가 “88 한국교회 통일 선언문”을 기초할 때, NCC의 부총무로 실무를 담당한 분이다. 그때만 해도 컴퓨터가 없어서 손으로 선언문 기초 작업을 했다. “서 박사, 그때 그 손으로 쓴 선언문 원고 가지고 있지? 그거말이야 나중에 통일 박물관에 꼭 들어가야 해…….” 평양 가는 이야기하면서 부탁하는 말이었다. 내가 죽기 전에 유서를 쓰면서 꼭 넣어야 할 항목이다. 지금 말해 두지만 서울 일산 진실이 아파트

서재의 쇠 서류함에 들어 있다.

홍콩의 한국 영사관 부영사의 교육은 별 다른 새로운 것이 없었지만 형식상 해야 하는 것으로 알고 편안한 마음으로 듣고 있었다. 주로 필요 이상의 약속이나 언약을 하지 말라는 것이었다. 불쌍한 생각에, 그리고 자꾸 조르는 바람에 또는 우쭐하는 허세로 무얼 해 주겠다고 하고는 그 약속을 지킬 수 없게 되어 오해가 생기고 불신을 만들게 된다는 것이었다. 마음에 담아 두어야 하는 말이라고 생각하면서, "교육 잘 받고 돌아갑니다"라는 인사를 남기고 홍콩대사관을 나섰다.

홍콩에서 북경 간 거리는 홍콩에서 서울 가는 거리만큼 걸린다. 새벽에 떠나느라고 피곤했던지 비행기에 자리 잡자마자 잠이 들어 북경에 착륙한다는 기장의 기내방송 소리에 깨어났다.

공항에서는 나의 영어 이름을 들고 서 있는 호텔 기사를 만나 편안하게 시내로 들어갔다. 2002년 10월에 방문하고 얼마 지나지 않았다고 생각했는데 북경의 발전은 놀라울 정도였다. 높은 건물이 많이 들어섰고, 조경도 잘되어서 수도 북경의 권위와 국제도시로서의 매력을 드러내고 있었다. 우리 재단에서 예약한 호텔에 투숙했다. 연변 과기대 북경 사무실 직원에게 도착 보고를 하니, 지금 북조선 대사관에 비자가 나왔다고 받으러 나간다고 한다. 그날 밤 다시 연락이 오기를, 비자 발급 절차 규정이 달라져서 우리 여권이 필요하다고 해서 모두 걷어 갔다. 외국 땅에서 여권 없이 하룻밤을 잔다는 것이 얼마나 불안한지 당해 보지 않으면 모를 일이다. 어떻든 본인이 나타나지 않아도 비자를 준다고 하니 믿어 보기로 하고 잠을 청했다. 우리 재단 직원과 함께 김 총장이 머무는 호텔로 가서 여권을 전하고 다음 날 아침 공항 커피숍 앞에서 만나 비자를 받기로 했지만, 정말 평양에 가는가? 자는 둥 마는 둥 아침이 밝아오는 터에 아침 행사를 마치고 양식당에서 뷔페 조반을 먹고 공항으로 나갔다.

고려 항공기는 옛날 소련제 비행기이다. 한 주일에 두 번, 화요일과 토요일, 북경-평양 간 운항한다고 한다. 160석인가 된다는 비행기는 한두 좌석을 남기고는 만원이었다. 김일성 초상 배지를 단 사람들이 거의 대부분이고, 서양 사람으로는 우리 재단 단장과 운동선수 같은 체격을 한 머리를 짧게 깎은 백인과 흑인들 십여 명이 타고 있었다. 아마 제3세계에서 운동 경기를 하러 오는 축구 선수들인가 보다 생각했다. 그리고 남한에서 온 것 같은 신사 숙녀들이 보였는데, 역시 김일성 배지를 단 사람들과는 좀 다르다는 인상을 풍기고 있었다.

북경 하늘을 지나면서는 아래에 물도 보이고 산보다는 붉은 흙만 보이는 땅이 보여서 내 지도 상식을 동원해 보았지만 어디가 어딘지 분간하기 어려웠다. 점심을 주는데 무얼 먹었는지 분명한 기억이 나지 않았다. 어느 항공사에서나 주는 주스에 뭐 그런 것이었다. 김치 조박지를 비닐 봉지에 넣은 것을 펴기 시작하면서 김치 냄새가 사방에 퍼지고 있었다. 먹는 둥 마는 둥 하고 있는데 대동강인가 압록강인가 큰 강물이 보이더니 착륙하겠다는 여자 승무원의 소리가 들렸다. 가끔 듣는 한국 방송에서 들려주는 북조선 아나운서의 목소리나 말투와 너무 같다고 속으로 생각했다.

　공항에는 우리가 타고 간 기종의 항공기가 두 대, 그리고는 작은 비행기가 몇 대 그 넓은 비행장 구석에 서 있었다. 세계 어느 수도에서도 볼 수 없는 한산함을 느꼈다. 비행기가 완전히 정지 상태가 되어 모두 자리에서 일어서고 있는데, 카키색 옷을 입은 일꾼들이 짐 싣는 차를 손으로 끌고 비행기 밑으로 오고 있었다. 우리는 조심스럽게 트랩을 밟고…… 드디어…… 평양 땅에 섰다. 멍 하니 서서 둘레를 살펴보았다. 하늘은 맑고 태양은 5월 말의 아름다운 햇살을 쪼이고 있었다. 비행장 둘레의 나무는 싱싱하기만 했다. 비행기에서 금방 내려서 그런지, 사방은 고요하기만 했다. 그래서 더욱 꿈만 같았다. 걸어서 닿을 수 있는 거리를 버스를 탔다. 승객 모두 아무 말이 없다. 모두 화난 얼굴들을 하고 있었다. 창밖을 내다보느라 모두 정신이 없었지만, 그렇다고 새로운 것을 발견하고 놀라고 신기해하는 것 같지도 않았다.

　공항 청사……. 옛날 그러니까 1953년 내가 대한민국 해군으로 처음 미국에 교육받으러 갈 때 부산 해운대 가까이에 있던 수영(?) 비행장 생각이 났다. 그리고 1956년 다시 미국 대학으로 유학 떠날 때 인선이랑 어머니랑 배웅 나와서 울던 여의도 공항 생각도 났다. 그 공항들은 훨씬 더 붐비는 시골 버스 정거장 같은 곳이었다. 공항은 비좁다는 느낌만 들고, 출입국 관리 사무대는 안에 사람이 보이지 않을 정도로 높았다. 여권과 입국 서류를 머리 위 정도로 높이 받쳐 들어야 그 좁은 창구에 닿을 수 있었다. 우리 김포 공항도 1980년대까지만 해도 권위주의 냄새가 대단했던 기억이 난다. 내 여권을 몇 번이고 들여다보고 책상 위에 있는 명단과 대조해 보고는 어디엔가 전화를 하고야 겨우 도장을 찍어 내보내기도 하고 들여보내기도 하던 대한민국 70년대와 80년대…… 그때 생각이 났다. 여기까지 왔는데, 다음 비행기로 돌아가라고 하지나 않으려나 긴장하고 서 있었다. 우리 일행의 미국인 단장은 우리 바로 뒤에서 차례를 기다리고 있던, 그 건장한 미국인 청년에게 말을 건넸다. 미국 해병대 장교들이라는 것이었다. 아니 미국 해병대라니 하고 귀를 기울이니, 6·25 당시의 미군 포로들과 전사자들의 시신 발굴과 확인 작업을 하러 입국한다는 설명이었다. 50 몇 년이 지났는데도 포기하지 않고 국민들의 복지를 위해서 애쓰는 미국이라는 나라가 신통하기도 했지만 많은 모순을 느끼면서, 나의 입국 서류를 받쳐 들고 내밀었다.

　짐 찾는 곳에는 우리 6명의 방문단 일행을 마중 나온 김일성 배지에 검은 양복을 제복처럼 단정하게 입은 안내원이 웃음기 없는 얼굴을 하고 서 있었다. 우리 짐을 봉고차 같은 데에 여기저기 나눠싣고 이차 저차에 분승해서 공항을 떠났다. 나는 두 사람의 북조선 안내원이 탄 차에 혼자 탔다. 한 사람은 북조선 인민공화국 교육성의 직원이라고 하고, 내 옆자리에 앉은 사람은 경제협력국 직원이라고 했다. 순안 국제공항에서 평양 시내까지는 약 20분 거리라고 했다. 공항 도로는 평평하고 깨끗하게 그리고 넓게 뚫려 있었다. 한 쪽이 3차선이니까, 분리대를 넘어 모두 6차선인가 싶다. 왕래하는 자동차는 가뭄에 콩 날 정도로 한산하게 왕래하는데 왜 이렇게 넓은 고속도로가 필요할까 생각하다가 통일된 날을 내다보면 아마 이 길도 좁아질 거다…… 착각인지 환상을 보면서 말없이 지나가는 허름한 옷차림의 사람들, 붉은 머플러를 하고 떼 지어 지나가는 소학교 아이들 모습을 내다본다. 물이 찬 논에서는 모내기가 한창이었다. 올해는 벼농사가 잘될까, 올해는 북한의 아이들이 굶주림에서 해방될 수 있을까 생각하면서 북한 농촌의 바쁜 손길을 감상했다.

평양에 들어서면서, 모란봉 기슭을 지나가는 길이 어렴풋이 생각났다. 아파트 건물들이 아주 높게 솟아 있는 게 인상적이었다. 그리고 그 사이에 이곳저곳 기념탑과 동상들이 높이 솟아 있는데 대단히 웅장해 보였다. 특히 파리의 독립문 같은 높은 시멘트 문이 인상적이었다. 동양적이고 북부지방의 둔하고 두툼한 묵직한 모습이 파리의 그것과는 다른 중후한 모습을 보이고 있었다. 우리가 묵게 될 고려호텔은 평양역에서 가깝다. 우리 여권도 짐도 모두 안내하는 사람이 맡아가지고 방에 배달한다고 한다. 방에 들어갔다. 넓고 깨끗한 방은 세계 어디를 가나 비슷한 그저 그런 호텔 방이었다. 짐도 안내하는 사람이 배달했던가 기억이 나지 않는다. 인도나 태국 호텔에 들면, 짐 가지러 온 사람들이 팁을 기다리고 서 있는 것이 때로는 거슬렸는데, 여기는 그런 걱정을 할 필요가 없어서 좋았다.

평양과학기술대학 건설 현장

점심을 먹었던가 기억이 잘 나지 않는다. 어떻든 대학 건설 현장에 나갔다. 평양역을 지나서 대동강을 건너고 우리가 살던 장포동으로부터 한참 남쪽에 새로 세운 다리를 건넜다. 그 다리는 평양과 남포(진남포)와 개성 그리고 서울을 잇는 고속도로와 연결된다. 이제 얼마 있지 않으면 우리 자동차를 몰고 일산에서 평양으로 세 시간이나 네 시간 걸려 건너게 되는 다리이다. 그 다리 남쪽 언덕에 커다란 돌탑이 서 있었다. 두 여자가 양쪽에서 손을 뻗어 마주 잡고 있는 아치형 구조물이다. 김대중 대통령이 2000년 6월 15일 김정일 위원장과 영수회담을 한다는 것을 기념해서 세운 기념탑이라고 설명한다. 우리 남한에도 그런 것이 있었나 기억을 더듬었으나 헛수고였다. 우리는 노벨 평화상을 받았지만 박 누군가는 그 정상회담인가를 성사시켰다는 '죄목'으로 아직 처참한 감옥살이를 한다고 듣고 있지 않은가? 너무도 대조적인, '통일의 심벌'로 생각되어 쓴 웃음을 참을 수가 없었다.

평양과학기술대학 부지는 평양–서울 4차선 고속도로 변 대동강 남쪽에 펼쳐 있었다. 김정일 장군이 직접 하사하셨다는 1백만 평방미터의 땅이라고 한다. 진입로는 아직 포장이 안 되어 있었다. 흙길을 한 참 구비구비 들어가는데 전날 쏟아진 비 때문에 많은 물이 고여 있었다. 넓은 땅에 한 10층짜리 크레인 두 대가 쉬고 있었다. 여기는 사무실 저기는 건설 직원 숙소라고 일러준다. 여기저기 강하고 무거워 보이는 시멘트 건조물을 파다 만 자리가 보여서 물었더니, 이 자리는 평양 수도방위군의 고사포 미사일 부대가 있던 자리라고 설명한다. 그리고 현장 사무실이나 직원 숙소는 그 고사포 부대 막사들이었다는 것이다.

대학 건설 현장은 아주 비옥한 땅으로 보였다. 현장 둘레는 벼농사 일로 바쁘게 돌아가고 있는데, 토요일 오후라 건설 현장은 공원처럼 조용했다. 나는 초여름 바람이 시원하게 불고 있는 현장 언덕에 서서 북쪽을 향하여 대동강 기슭을 바라봤다. 김 총장은 영어로 저기 저 북쪽 대동강 변에 '토마스 목사 기념관'이 있었다고 설명한다. 1866년 스코틀랜드 선교사가 중국 말 성경을 들고 한국에 선교하러 온다고 미국 상선 제제럴 셔먼 호를 타고 서해로 들어와 대동강을 거슬러 올라오다가 대원군의 군대가 쏘아 대는 불화살을 맞고 배는 불타 버리고 선원들이 물에 빠져 죽은 일이 있다. 그때 토마스Robert Thomas 목사는 수영해서 강가 언덕에 이르러 자기를 활로 쏘아 대는 군인들에게 성경책을 뿌리고 죽어 갔다는 이야기다. 김 총장이 이야기를 하고 있는 동안, 나는 아버지 생각을 했다. 바로 저기 멀리 보이는 대동강 남쪽 강 언덕에서 1950년 10월 초 겨울바람이 몹시도 추웠던 날, 아버지가 다른 4명의 목사와 함께 밧줄로 묶여서 강기슭에 떠 있었다. 얼굴과 몸에는 따발총 자국이 시커멓게 멍들어 있었다. 호주머니에는 그렇게 사랑하시던 회중시계가 매달려 있었지만 유리는 깨져 있었다. 우리는 아버지와 회중시계를 장포동 언덕에 묻고 떠나지 않았던가.

나는 지금 54년 만에 그 자리 먼발치에 서 있는 것이다. 원수의 땅, 아버지가 순교의 피를 흘린 바로 그 땅에 지금 서 있는 것이다. 우리 아버지 몸에 총알을 퍼부은 원수들의 아이들을 위해서 대학을 세우는 일을 도와줄 일을 찾아서 지금 여기 서 있는 것이 아닌가 말이다. 아버지는 이런 나를 알고 계실까. 말씀을 하신다면 뭐라고 하실까.

"잘 왔다" 하실까. "너 뭐 하러 왔어?" "너 여기가 어딘지 알아?” “바로 네가 서 있는 이 군부대 막사에서 모진 매를 맞고 굶주리면서 몇 달을 지낸 줄 알아?” “너는 지금 네 애비의 원수를 사랑해야 한다는 강박관념으로 뭣도 모르고 덤비고 있는 거 아니야?”

김대중 대통령의 ‘햇볕정책’을 반대하는 남쪽의 선배 목사들, 정치인들(3·1 독립운동도 모르고, 8·15 해방의 감격도 모르고, 6·25전쟁도 모르는 ‘386’ 세대)과 피난민 노인들의 나를 지탄하는 아우성이 들리는 것 같았다.

이 허허 벌판에 언제 대학이 들어설 수 있을까 하는 한심한 느낌과 실망을 실감하면서 호텔로 돌아왔다. 저녁은 교육성 부상이 직접 호텔 만찬장에서 만찬을 베푼다는 것이다.

교육성 부상

이 정부에는 장관이 없고 ‘부상’이라는 관리가 그 부서의 최고 책임자라고 한다. 이유는 묻지 말라, 난 잘 모른다는 것이 여기서 묻는 내 질문에 대한 답변의 대부분이다. 부상이라는 사람을 두 번이나 만났는데도 이름을 분명하게 들은 적이 없다. 내 명함만 준 셈이다. 이름을 모르고 만난 것은 물론 내 책임이다. 부상은 중키에 좀 뚱뚱하다 싶은 공장장 같은 강한 모습이었다. 어디선가 학교 선생을 하다가 교육성 일을 보게 되었다고 했다. 세련된 외교관의 풍모도 아니었지만, 학교 선생의 학자풍이나 교육자 냄새는 전혀 나지 않았다. 그런 것 모두를 ‘초월한’ 당원인지도 모르지만 말이다.

만찬 음식은 참 맛이 있었다. 젓가락으로 먹을 수 있는 한국 음식인데도 우리 미국서 온 재단 단장 때문인지 서양식 나이프와 포크로 어색하게 먹었다. 내가 강계서 태어났다고 하니까 우리가 마시고 있는 술이 강계에서 만든 최고로 맛 좋은 청주라고 한다. 부상은 술이 센 사람 같았다. 몇 번이고 건배를 청하는데, 처음에는 정말 반가워서 환영하는 뜻으로 하는 것으로 받아들였는데 나중에는 좀 지겹다 할 정도로 건배를 권했다. 우리 미국 단장은 술을 좋아 하는 편이어서 좋아하는 눈치였다. 부상은 나를 자기와 우리 미국 단장 사이 왼쪽 옆자리에 앉히고 내게 통역하기를 바랐다. 내가 부상이 하는 인사를 영어로 통역할 때는 조용조용히 말했는데, 우리 단장이 영어로 하는 말을 우리말로 통역할 때는 큰 소리로 좌중의 모든 사람들이 듣도록 말해 달라고 요청했다.

부상은 미국에서 온 교포 아주머니들을 향해서 '호의적'인 농담을 하는 모양인데 그리 점잖은 말투가 아니었다. 북조선의 여성 해방은 남자들에게 순종하고 복종하는 해방이라고 어떤 남한 여성 운동가가 했던 말이 머리에 떠올랐다. "이북의 공산주의는 유교적 공산주의지요. 그래서 여성들의 해방이다 평등사상이다 하는 것도 그 틀 안에서 생각해야 해요" 하던 북한을 방문한 여성학자의 말이 생각났다. 만찬을 나누는 동안의 대화는 너무도 틀에 박힌 외교적이고 피상적인 것이었다. 지루할 정도로. 그러나 부상은 나에게 귓속말로 우리 재단의 재산 규모나 연간 예산액을 거의 정확하게 알고 있다는 듯이 액수까지 말하면서 '정보력'을 과시했다.

만찬은 환영하는 것이고 사교적이라는 것을 강조하는 것 같았지만, 우리 단장에게 감사하다는 말과 함께 우리의 방문 목적을 정식으로 말해야 한다고 권하였다. 단장은 일어나서 북조선 인민공화국 교육성의 초청을 감사하고 평양 과기대 설립의 의지를 치하하였다. 그리고 우리 재단은 대학 설립 이후, 영어 교육 등을 위해서 지원하기를 원하고 있으며 그 이전에라도 김일성대학을 위시하여 북조선의 교수 요원들의 해외 연수를 지원할 용의가 있다고 말하고 앞으로 우리 재단이 북조선 교육성과 대학들과 친선관계를 유지하게 되기를 바란다는 요지의 인사말을 했다.

부상은 감사하다는 말을 하면서 북조선 대학들의 교수요원 해외 연수에 대해서 관심을 보였다. 중국과 필리핀 같은 아시아 안에서의 단기 내지 장기 해외 연수만이 아니라 미국에도 갈 수 있다는 말에 대해서 유럽이나 러시아에도 가게 할 수 있느냐는 질문을 한다. 우리 단장은 난색을 표하면서 특별한 경우에 한해서 고려해 볼 만하다고 대답한다.

우리 시찰이 끝나고 돌아가기 전에 다시 만날 것을 확인하면서 만찬장을 떠났다.

평양에서 마지막 날

2004년 5월 31일 월요일

나는 우리가 살던 장포동 근처에라도 가서 둘러보고 싶었고, 아버지 산소 부근에라도 접근해 보고 싶어서 김 총장에게 요청을 했지만 소용이 없었다. 다음 기회에 웅선이 이름도 제출해서 소식을 알아보자는 약속은 받아 낸 셈이다. 그러나 이미 제출한 일정 이외에는 갈 수가 없다는 대답이었다. 우리 재단장은 김일성

종합대학을 방문하고 싶다고 정식으로 요청했으나 안내원들이 난색을 표했다. 나중에 들은 이야기지만, 방문 직전에 갑자기 요청하는 것이 아니라는 것이다. 미리미리 준비를 해야 학교 측에서도 환영할 수 있다는 대답이다. 김일성종합대학은 아무나 아무 때고 함부로 들락거릴 수 있는 것이 아니라고 한다. 납득이 안 갔지만, 호텔 밖으로 한 발자국도 드나들지 못하는 처지에 더 말할 수가 없었다.

결국 우리는 '인민 예술가'들이 작업한다는 미술관을 방문하기로 하였다. 3층의 넓은 전시장에는 우리 일행 6명이 전부였다. 각종 조각품과 서양화와 동양화가 즐비하게 진열되어 있었다. 그러나 모두 사실주의 회화들이었다. 자수는 참 대단한 작업으로 평가하고 싶었다. 얼마나 오래 걸려서 한 평이 넘는 화폭에 저렇게 사실적인 수를 놓을 수 있었을까. 여인의 참을성과 인내심, 가슴 속에 쌓이고 맺힌 한을 저렇게 한 바늘 한 바늘 수놓아 갔을까. 가슴이 미어지는 것을 느꼈다.

나는 아주 작은 소품을 한 장 샀다. 겨울 산 나무 숲 속에 사슴 몇마리가 뛰어 놀고 있는 그림인데 수채화였다. 추상에 가까운 그림은 그것 하나밖에 보이지 않았지만 그것 한 장만이라도 다행이라고 생각해서 샀다. 값도 그리 비싼 것이 아니어서 다행이었다. 우리 일행 중 미국 교포 아주머니들은 꽃 그림들을 수없이 많이 집어들고 사들이고 있었다. 우리 미국 단장은 북조선 냄새가 난다고 하면서 빨간 색깔의 투박한 꽃병 하나를 들고 나왔다. 그리고 도자기술잔 한 개를 샀는데, 잔 바닥에 일본 황가의 국화 무늬가 새겨져 있다고 어떻게 된 거냐고 웃으면서 좋아했다. 우리 단장은 일본 말을 유창하게 하는 일본 전문가이다. 진실이가 작은 술잔을 수집하는 것을 미리 알았더라면, 한 개쯤 사 들고 왔을 터인데, 홍콩 집에 와서야 그 말을 들었으니 후회만 생겼다. 다음에 또 기회가 있겠지 하고…….

점심은 고려호텔의 냉면 집에서 먹었다. 한 100석은 될까 싶은 넓은 식당에 김일성 배지가 가득 차 있었다. 공무원들 같은데 점심부터 맥주들을 시켜서 즐겁게 먹고 있었다. 담배는 거의 모든 남자 손님들이 굴뚝처럼 피고 있었다. 여기에서 처음으로 여자들의 높은 웃음소리를 들을 수 있었다. 그러나 대부분의 여성들은 한결같이 흰 저고리에 김일성 배지를 달고 까만 치마를 단정하게 입고 있었다.

우리 일행은 대동강 남쪽 강가에 높이 서 있는 '주체탑'에 올라갔다. 여성 동무의 안내를 받으며 40 몇 층 높이 꼭대기에 10인승 엘리베이터로 올라갔다. 조선족 남자들이 중국 단동(일제하에서는 안동이라고 했던 신의주에서 마주 보이는 도시 이름)에서 사업차 왔다고 하며 자기소개를 했다. 대여섯 일행 가운데 한 사람만이 우리 말을 하고 통역을 하고 있었다. 나 같은 남한 사람을 생전 처음 본다고 좋아하면서 많은 말을 건넸다.

주체탑 꼭대기에서 나는 장포동 쪽을 보면서 우리 살던 언덕을 찾았다. 높은 아파트들이 들어서 있어서 옛날 모습이라곤 우리 살던 동네 뒷산의 푸른 들뿐이었다. 저기 저 언덕에 아버지를 모시고 피난길을 떠났는데…….

우리 안내원에게 우리가 살던 동네를 가리켜 보였더니 하는 말. "아니 왜 도망 쳤어요? 성분이 나빴던 모양이네요…… 지주였어요?" 나는 웃으면서 "지주보다 더 나빴지…… 하고 말했다. "아니 지주 보다 더 나쁜 게 있습내까?" 하는 말에, "목사였어요. 나도 목사지만……." 안내원은 대화를 이어 나갈 생각이 없어진 것 같았다. 우리를 주체탑 옥상을 한 바퀴 돌게 하고 아래로 안내하는 게 고작이었다.

노동 특수부대

우리는 평양을 떠나기 전에 과기대 건설 현장을 다시 한 번 둘러봤다. 월요일이라 일하는 사람들도 돌아오고 중장비가 큰 소리를 내면서 땅을 파고 있었고 젊은 남녀 군인들이 시멘트를 이기고, 시멘트 벽돌을 나르고 있었다. 자못 건설이 되는 것 같은 분주함이 보였다. 그런데 군대 모자를 쓰고 허름한 군복을 입은 노동자들이 지나가는 것을 보니 모두 13, 14살 정도의 어린 소년 소녀들이 아닌가? 우리 중 한 사람이 김 총장에게 물었다. "어떻게 저런 어린아이들에게 중노동을 시키느냐?" 총장은 직접 아이들에게 물어 보라는 것이었다. 지나가는 소년 소녀에게 질문을 던졌다. "너희들 몇 살이냐?" "열 아홉 살이야요" "스무 살이야요." 키는 130센티가 될까 말까. 평양 과기대 현장에 투입된 인원은 모두 '노동 특수부대' 라고 한다. 이 부대는 총을 들 수 없는 신체검사 불합격자들로 편성되어 있다고 한다. 누군가가 북조선 인민군 징집 대상의 70%가 징집 미달자라고 하는 말을 들려줬다.

그렇다면 지금 북조선의 군대를 100만이라고 추산하고 있는데, 그중의 70%가 총을 들지 못할 정도라면, 30만만이 전쟁을 할 수 있다는 말이 아닌가. 그런데 어떻게 그 병력으로 남침을 할 수 있다는 말인가? 북조선은 군축을 할 것도 없고 할 필요도 없다는 말이 아닌가. 그렇다면 왜 평화회담을 열고 남북한 평화협정이나 북과 미국의 불가침조약을 서두르지 않는지 알 수가 없다는 생각을 했다. 북조선의 핵무기 생산을 포기하기 이전에라도, 이 굶주린 북한의 어린 군대를 먹여 살리는 인도적이고 평화적인 작업을 해야 한다는 세계 여론을 심각하게 되새겨 봤다.

공사 사무실에서 공사 감독들과 여러 가지 공사 진척사항에 대한 보고를 들었다. 노동 현장의 애로, 북조선 노동문화의 문제, 식량 부족 문제, 의료 시설 문제, 자금 조달 문제 등, 애로사항을 들으면서 언제 교실 두 동과 교수 숙소, 학생 기숙사, 식당, 행정동 등이 들어설 수 있을까 싶었다. 건설을 감독하는 연변에서 온 조선족 중국인은 잘 해야 2005년 9월께 개교라도 할 수 있을 것이 아닌가 하는 현실론을 폈다.

월요일 저녁 만찬에는 교육성 부상이 다시 나오는데 그 이전에 정식 회담을 하자는 것이었다. 요는 우리 재단에게 구체적인 언약을 받아 내자는 것이었다. 김 총장은 우리 측에서 적어도 건물 한 동에 대한 자금 지원 약속을 부상에게 '방문 선물'로 내놓으라는 압력을 주고 있었다. 기숙사 한 동에 백 오십만 불이면 된다면서…….

부상은 회담에 자기 공식 통역을 대동하고 나왔다. 부상이 우리가 본 현장에 대한 인상을 물어 왔다. 우리 단장은 노동 현장에서 일하는 군인들의 영양과 의료시설을 염려하는 말을 하면서 우선 적지만 공사 진행을 위한 얼마의 지원을 11월 재단 이사회에 제출 하겠다는 약속을 하고 계속적인 관심을 갖고 연락을 하자는 말로 회담을 마쳤다. 물론 북한 정부의 기대에 훨씬 못 미치는 말이었지만, 사실 그 이상 제시할 만한 준비도 역량도 없었다.

민족식당

저녁 식사는 평양 관광 명소로 유명하다는 '민족식당'에서 했다. 서울의 코리아 하우스처럼 식당 안에 무대를 두고 춤과 노래를 하는 연회 장소였다. 우리 옆에는 서양 사람 일행이 있었고, 우리 앞자리에는 일본 관광객으로 보이는 청년들이 벌써 술에 취해서 떠들고 있었다.

무대에는 아주 재미있는 악기들이 등장했다. 피아노에 진실이가 연주하는 서양 드럼 세트에 한국 장고가 있고, 통기타와 가야금이 있었다. 여자 연주자 한 사람이 장고와 드럼을 혼자 쳤고, 기타와 가야금은 두 사람이 각각 연주했다. 곡들은 주로 재즈인 것 같았는데 가끔 우리 가곡도 연주했다. 그리고 인민가수라고 하는 미인 가수들이 나와서 독창도 하고 이중창도 하는데 대단한 실력이었다. 곡목에는 물론 아리랑을 빼지 않았고, "나의 살던 고향은" 하며 노래를 시작하자 우리 일행 아주머니들이 무대로 올라가 합창을 하였다. 노래들을 잘한다고 했더니, "목사님, 성가대 실력입니다" 하는 것이었다. 놀랍게도 김민기의 "친구"를 합창하고 있었다. 나는 이대 대강당에서 이 노래를 찬송 대신 불렀다고 지탄을 받은 적이 있어서 나도 소리 질러 함께 불렀다. 함께 배석한 교육성 부상은 놀라는 눈치였으나 막무가내로 즐겁게 불렀다. 그러면서 평양에서의 이번의 마지막 밤을 즐기고(?) 있었다.

"깊은 굴을 지나……"

평양 공항 출국 수속은 안내원들이 모두 해주는 바람에 편했다. 드디어 여권을 돌려받고, 우리 일행은 귀빈실에서 출국을 기다렸다. 넓고 깨끗한 방에 김일성 배지를 달지 않은 사람은 우리 일행밖에 없었다. 면세점에는 세계 각종 술과 담배가 즐비해 있었다. 나는 어제 저녁 민족 식당에서 마신 북조선 산 버섯 술이 눈에 띄어서 만선이에게 좋은 선물이다 싶어 '거금'을 주고 한 병 샀다. 양주보다 비싸다고 생각하면서 미국 돈을 내밀고 있는데 김 총장이 다가와서 자기가 만선이한테 선물한다며 나를 밀어냈다. 나는 김 총장 호주머니에 미국 돈 100불짜리를 밀어 넣었다. 제 선물인데 왜 그러세요 하고…….

평양을 떠나는 비행기는 올 때보다 사람들이 덜 붐비는 것 같았다. 화요일 아침. 어제보다 더 화창한 이른 여름 날씨가 공항 둘레를 아름답게 하고 있었다. 비행기가 중국 땅을 들어서면서는 험악한 산맥이 웅장하게 전개되었다. 만리장성을 찾고 있는데, 그 이북 방송 목소리의 여자 승무원이 이제 곧 북경에 내린다는 기내 방송을 한다.

북경 공항으로 들어서면서 우리 미국인 단장이 하는 말, "긴 터

널을 지나 온 것 같아……." 나는 아무 말도 할 수 없었다. 그리고
아무 말도 하지 않았다. 일단 공항에서 홍콩 가는 수속을 마치고
한·중·일식당에 들어앉아 점심을 먹었다. 그리고 국제전화를
했다.

2004년 6월 19일 홍콩에서

널을 지나 온 것 같아……." 나는 아무 말도 할 수 없었다. 그리고